Discours sur l'origine et les fondements de
l'inégalité parmi les hommes

Jean-Jacques Rousseau

论 人 类 不 平 等 的
起 源 和 基 础

［法］让-雅克·卢梭 著　邓冰艳 译

浙江文艺出版社
Zhejiang Literature & Art Publishing House

果麦文化 出品

导读

"我想那是 1753 年的事，第戎科学院发表了'人类不平等的起源和基础'征文启事。我被这个意义深远的题目激动了，我很惊讶这个科学院竟敢提出这样一个题目。好吧，既然它有勇气提出来，我也很可以有勇气来加以研究，于是我报名应征了。"[1]

这便是卢梭在《忏悔录》中对此篇论文来源的叙述。为完成论文的写作，他独自前往圣日耳曼的树林深处，在经过七八天的苦思冥想后，完成了这部对后人影响深远的著作。

1712 年 6 月，卢梭出生于瑞士日内瓦的一个钟表匠家庭，母亲在他出生后不久便与世长辞。后来，他与父亲相依为命。十岁那年，父亲因与人发生口角，并拒绝向恶势力屈服，于是在法院下达的缉拿通知到达前愤然逃离了日内瓦，留下了孤苦伶仃的小卢梭。

在随后两年的时间内，他被托付给了一位牧师，并且开始学习拉丁文。之后，他又在一个雕刻匠家里当了两年学徒，后因受不了苛待，十六岁那年同样选择了逃离日内瓦，过上了长达十三年的流浪生活。在流浪期间，他做过仆从，教过音乐，曾经依靠年轻的华伦夫人生活，成为她的情夫。后来，他又结识了狄德罗、孔狄亚克、艾比奈夫人和格里姆等人，后又因各种原因与这些人决裂，孤独终老。

在同时代的作家中，卢梭是唯一富有流浪生活经验的人。他在历次旅程中，认识了人民的疾苦，对这个社会的不平等现象有了更加深刻的体会。或许正是出于这一原因，当他看到这个意义深远的征文题目时，他才会为之激动吧！

为思考人类不平等的起源，卢梭首先做的是"无情地驳斥人间无聊的谎言"[2]，找到真正处于自然状态下的人类。在那个时候，除霍布斯之外，一切思想家都致力于从所谓的自然状态中的人身上，发现社会发展的一切可能性；他们轻率地认为社会及社会的种种制度，尤其是私有制，都是从自然中产生的。而卢梭想要打破的就是这个谎言，他"大胆地把人们因时间和事物的进展而变了样的天性赤裸裸地揭示出来，……指出人类苦难的真正根源"[3]。于是，通过美妙绝伦的雄辩，卢梭为我们成功地勾勒出了真正处于自然状态下的野蛮人形象：

"游荡在浩瀚森林里的野蛮人，没有工业，没有语言，没有住所，没有战争，彼此间也没有任何联系。他对同类没有任何需求，同时也没有任何伤害他们的欲望，而且可能一辈子不会单独认识任何一个其他同类。他不为情欲所牵绊，自给自足，只拥有这一状态下应有的情感与智慧。"〔4〕

在这个形象里，所有理性、情欲以及人的一切能力的发展都被摒除在外，所有文明社会的产物，包括私有制和法律，都被拒之千里。那是一个纯粹的状态，这一状态的野蛮人唯一关心的是他们的"自我保存"，而他们与生俱来的"怜悯心"又会通过克制他们的"自爱"来促进整个物种的相互保存。在这个纯粹、孤独的野蛮人形象面前，传统的人类本性中的一切，差不多都已经被归为历史的范畴。任何一种社会制度，都不能在自然中找到它的基础了。

从这一纯粹的自然状态出发，卢梭将可以轻易地向我们描绘出人类不平等的起源和基础。他首先让我们看到的是各种情欲的燃烧带给人类的苦痛，然后是法律和私有制的诞生为人类造成的禁锢。在字里行间中，我们看见了一个"朝着镣铐的方向奔跑着，满心以为这样便可获得自由"〔5〕的可悲的人类形象。正如他在《忏悔录》中所回忆的那样：

……我看到我的同类在他们因固执己见而走入的迷途上，

还继续朝着错误、灾难和罪恶的方向行进。我于是用一种他们所不能听见的微弱声音，向他们喊道："你们都是毫无道理的人，你们不断地埋怨自然，要知道你们的一切痛苦，都来自你们自己。"〔6〕

因此，在寻找人类不平等起源的路上，我们看到了两个截然不同的形象：纯粹、孤独的野蛮人形象和堕落、痛苦的社会人形象。两者的鲜明对比令人不禁产生疑问：卢梭是希望人类回到自然状态吗？这正是菲洛普利和伏尔泰对卢梭的质疑。后者在他写给卢梭的信中不无讥讽地说道：

"从没有人用过这么大的智慧企图把我们变成畜牲。读了你的书，真的令人渴望用四只脚走路了。"〔7〕

那么，"回到自然状态"真的是卢梭在此篇论文中所表达的终极愿望吗？

事实上，卢梭所描述的处于自然状态下的人类更多地是一种形而上的观念，是一种抽象化的物质。旅行家的日记和博物学家的分析，与其说可以当作此篇论文的论据，不如说只是为卢梭提供了想象出这样一个抽象状态的基础。那是对人类最初起源的形而上假设，是对现实的反潮流思考，是开启人类智慧的点金石。正是这样的假设，使人们得以明白"我们并非生来如此"，只是"已然如此"。既然处于自然状态下的人类只是一个抽象化的形象，即一种"无"的境界，那么我们当然不能说卢梭的目的是让人类回到这个本就不存在的形象了。他只是企图以这个"无"的境界为起点，向人们展示出人类是如何一步步变成现在的样子，从而进一步思考，要想摆脱现在的困境，我们所需要做出的努力。本文为我们提供的反思就像那高速路上的缓冲带，只有停留在缓冲带上的那一秒钟，人类才终于真正地思考。

译者：邓冰艳

〔1〕〔2〕〔3〕〔6〕参照《忏悔录》，第八卷，第 238 页。
〔4〕参照本书第 70 页。
〔5〕参照本书第 97 页。
〔7〕参照《论人类不平等的起源和基础》，1982 年版引言部分，第 31 页。

CONTENTS

关于附注的说明

由于我在写作时有时断时续的懒惰习惯，所以，我在本论文完成后，又添加了一些注释。这些注释有时与文章主题相去甚远，与文章放在一起可能会妨碍阅读，所以，我将它们放在了文章末尾。在文章正文中，我尽可能保持行文简练。有勇气重读此书的读者，在第二遍阅读时可能会乐于注重一些细节，然后尝试阅读这些注释；对于其他读者而言，他们即使不阅读这些注释，整个阅读过程也不会遇到任何困扰。

—— 卢梭

致辞：献给日内瓦共和国

卓越的、无比尊贵的和至高无上的执政者们：

我深信只有品德高尚的公民才有资格向他的祖国表达最崇高的敬意。

三十年来，我一直辛勤工作，期望自己有朝一日能够有资格公开地向你们表达我的敬意。趁着这千载难逢的机会，在这里我不用考虑是否有这种权利，但凭热情激励我前行，来弥补我过去的努力之所未及。

有幸生于你们中间，在思考自然赋予人类的平等以及人类自己所创造的不平等时，我如何能够不去思考这样一种高深的智慧？这种智慧，使自然的平等与人类的不平等在这个国家完美地结合，共同以最接近自然法则和最有利于社会的方式，促进公共秩序的维持和个人幸福的获取。在寻找良知对于一个政府制度能够提供的最完美准则的过程中，我不无惊奇地发现，所有这些准则都已经在你们的政府中施行，以至于我这样一个并非生于此的人，也感觉到了一股无法抵抗的魔力，想要将这幅人类生活的画卷赠予这里所有的人民。因为我认为，他们是人类社会中最有优势的群体，是在预防人类社会的过度行为方面做得最好的人民。

如果要我选择自己的出生地，我会选择这样一个国家：它的大小一定不超出人们能力所及的范围，也就是说它是能够被很好地治理的。

在那里，每个人各司其职，没有任何一个人需要将自己所负担的职责委托给他人；在这样一个国家中，人民彼此间相互认识，所有邪恶的阴谋或者谦逊的道德都逃不过大众的眼睛和判断。在那里，这种互相往来和互相认识的美妙习惯，又会使人们将对国家的热爱转变成对公民的热爱，而不是对土地的热爱。

我情愿出生在这样一个国度。

在那里，君主与人民只能拥有唯一的共同利益，因而国家机器的所有运转都朝着共同幸福的目标前进。为做到这一点，人民和君主必须是同一的。因此，我情愿出生在一个法度适宜的民主政府之下。

我想要生来自由，死亦自由。也就是说，人们如此服从法律，以至于无论是我还是其他任何人都无法撼动法律那值得尊敬的枷锁。这是一个温和而有益的枷锁，就算那些最骄傲的头颅，也不无温顺地佩戴着，因为他们生来就不应该佩戴任何其他的枷锁。

因此，我希望在这个国家内，没有任何人可以置身于法律之上，而且国外的任何人也不能强迫一个国家承认他的权威。因为，无论一个政府的组成形式为何，如果出现一个人不服从法律，那么所有其他人就必然会受这个人的随意支配[1]；如果同时存在一个国内的首领和一个国外的首领，那么无论他们能够以何种方式分配权力，人民都无法很好地服从他们，而国家也不可能被很好地治理。

我绝不想在一个新制度下的共和国中居住，无论其法律有多么完善。我害怕那个以另一种形式组成的政府并不适合新的公民，或者说公民并不适应新的政府，从而导致国家刚刚诞生就面临着被动摇和被摧毁的危险。

要知道，自由就像那美味的固体食物或者甘醇的葡萄酒，它们可能适合那些早就对此习以为常的健壮之躯，可以供他们使用或者使他们变得强壮，但是却并不适合那些柔弱、娇嫩之躯，根本无法让他们适应，只能让他们难受、毁灭或者沉醉。人民一旦习惯主人的存在，便再也无法脱离他。当他们试图打开桎梏时，他们却与自由渐行渐远了，因为对于他们而言，自由不过是与桎梏相反的毫无节制的许可，而他们的革命最终几乎都将他们的命运交给了那些只会加重他们锁链的引诱者。就连罗马人，这一所有自由人民的典范，在摆脱了塔尔干王朝（Tarquins）的压迫后，最终仍然没能做到自治。

深受奴隶制度和强加在身上的屈辱性劳作之苦的罗马人，一开始不过是一群愚蠢的贱民，人们必须用极大的智慧对他们进行教养和治理，才能使这些在专制统治下变得神经质或者愚钝的灵魂，逐渐习惯于呼吸自由新鲜的空气，并渐渐获得纯正的风俗和英勇的精神。正是这种纯正的风俗和英勇的精神，最终使罗马人成为所有民族中最受尊敬的一个民族。

因此，对于我个人而言，我想要寻找一个幸福、安宁的共和国：它的年代已经消失在了时间长河的漫漫黑夜之中，它所遭遇的种种侵害足以彰显和加固居民的勇气和对祖国的热爱。那里的公民早就习惯明智的自由，他们不仅是自由的，而且是值得获得自由的。

我愿意为自己选择这样一个国家：它幸运地没有那么强大的力量，因而没有征服他国的野心，同时更幸运地拥有一个有利的地位，因而也不用害怕他国的征服。这是一个处于许多国家中间的自由城池，不仅没有任何一个邻国想要侵犯它，而且每一个邻国都会竭力阻止其他国家对它的入侵。总之，它是一个不但不会引起邻国的野心，而且在必要时能够合理地请求邻国帮助的共和国。因此，在这样一个有利的处境中，我们可以想见，这个国家除了它自己本身以外，应该是无所畏惧了。就算它让公民操练武器，与其说是为了让他们在必要时刻能够拿起手中的武器进行防卫，不如说是为了让他们保持尚武的精神和英勇的气概。这种尚武的精神和英勇的气概，是最适合于自由，最有利于他们对自由的爱好的。

我想要寻找这样一个国家。

在那里，立法权属于全体公民，因为谁又能比他们自己更能够了解，在什么样的条件下他们能够在一个共同的社会里生活呢？但是，我并不赞成罗马式的全民表决，在这样的表决体系中，国家的领导者和那些对保卫国家最关心的人反而不能参与那些往往与国家安全息息相关的决议。此外，出于一种极其荒谬的措施，政府官员却不能享受一般公民所能享受的权利。

相反地，为了制止那些谋求私利和考虑欠周的计划，为了阻止那些最终使雅典人坠入堕落深渊的危险改革，我希望：任何人都无权任意提出新的法律，提出法律的权力只属于那些官员；而那些官员在行使这一权力时，必须能够保持审慎的态度；此外，人民在同意这些法律前，必须经过深思熟虑；而法律的公布则必须在无比庄重的情景下进行。这样一来，在宪法被动摇以前，人们已有足够的时间来确信，使法律变得神圣不可侵犯的正是其古老性。我希望，很快地，人民会蔑视那些变化无常的法律，同时也会鄙夷这样一种人：他们习惯于以改良为借口忽视以往的惯例，在矫正较小缺陷的同时，却反而引起更大的弊端。

我会想要逃离这样一个管理不善的共和国。

在那里，人民认为可以免去法官或者只留给法官非常微小的权力，然后将民事的管理权及法律的执行权交到自己的手中。这应该是刚从自然状态过渡而来的最初的政府组成形态，也是使雅典共和国迅速走向堕落深渊的原因之一。

但是，我会选择这样一个共和国。

在那里，每个个体都享有法律的批准权，能够根据首领的提议，亲自参与重大公共事件的抉择；他们会建立起有威信的法庭，慎重地划分国家的不同省份，每年选举最有能力、最公正廉洁的公民来掌管司法和治理国家。在那里，政府官员的道德足以证明人民的智慧，官员和人民之间可以说是相得益彰。因此，当出现扰乱公共和谐的致命过失时，人们即使在忙乱与错误中，也都能保持一定的节制，依然互相尊敬，共同遵守法律。这才是一个真诚而又持久的和睦社会应该拥有的征兆和保证。

卓越的、无比尊贵的和至高无上的执政者们，这些便是我在自己选定的国家里所要找寻的优势。如果神意再让这个国家拥有迷人的地理位置、温和的气候、肥沃的土地以及所有其他天底下最美妙的条件，我将幸福满满，为这个幸运的国家所拥有的一切美好感到快乐。我将与我的公民们一道平静地生活在这个甜美的社会里，以他们为榜样，向他们奉献人道、友爱及其他所有美德，死后为他们留下一个善良、正直和有道德的爱国者的美好形象。

由于我时运不济或者洞悉理智太晚，因此不得不在另一个国家，过着一种病态而又萎靡的生活，就此了结一生，同时徒然地追悔荒唐的青春让我们失去的安宁与平静。但是，在我的灵魂深处，至少还蕴藏着一份情感；这份感情，即使在我的国家里无法被表达出来，却仍然可以促使我带着对远方同胞的温柔、无私的热情，发自内心地向他们致以如下演讲：

"亲爱的同胞们，亲爱的兄弟姐妹们，既然血缘关系和法律将我们所有人紧紧地联系在了一起，那么，让我感到无比愉快的是：每当想到你们，我便会不由自主地想到你们所享有的一切幸福。你们当中应该没有任何人比我更能够感受到这份幸福的可贵了，因为我已经失去了属于我的那份。

"我越是想到你们所处的政治和社会状况，就越是想象不出人类事务的性质还能够以何种更好的方式运行。在所有其他政府里，当涉及国家最大利益的保全时，所有事情总是停留在美好的构思阶段，或者至多不过拥有某种程度的可能性而已。

"而对于你们而言，幸福已然存在，你们只需静心享受；只要你们能够满足于自己的幸福，你们便能够获得至高无上的幸福。你们用武力获得或者收复的主权，在勇气与智慧的庇佑下完好地保存了两个世纪之久，最后终于获得了全世界的认可。

"公正的法律条款规定了你们的疆界，保证了你们的权利，也巩固了你们的安宁。你们有很棒的宪法，它是在最卓越理性的指导下制定的，同时又有可敬的友邦做保证；你们的国家是安定的，你们既不用担心战争，也无需担心侵略者的入侵；你们的唯一主人是由你们自己制定的法律，这些法律由一些正直廉洁的法官进行管理，而这些法官都是经由人民选举产生的。你们既不十分富裕，因此不会因为过度安逸而耗损精力，也不会在一些虚无的乐趣中丧失对真正幸福和牢固道德的追寻；也不十分贫穷，因此不需要更多的外力帮助，以获得你们的技艺无法企及的东西。这份难能可贵的自由，在那些大国里只能靠过度的税收来维持，而你们却轻松地将它收入了囊中。

"这一共和国的组成是那么地明智与完善，所以为了它的公民们的幸福，也为了做其他民族的榜样，愿它能够永久长存吧！这便是今后你们唯一需要许下的愿望和你们唯一需要关心的对象。从今往后，你们不再需要考虑如何追求幸福，因为你们的祖先已经为你们铺好了道路，你们只需要理智地使用，让这份幸福持续下去。你们只要永远团结一心，遵守法律，敬重执行法律的官员们，你们的自我保存就会得到保障。如果在你们中间仍然残存有一丝愤懑或者怀疑的萌芽，赶紧将之毁灭吧，因为它就像是一个致命的祸根，迟早会招致国家的不幸和毁灭。

"我恳求你们都回到自己的内心深处，听听自己良心隐秘的声音。你们当中有谁知道在这世界上还有比执政人员更廉洁、更英明和更值得尊重的人呢？所有这些执法人员，在节制的美德上，在朴素的作风上，在尊重法律上以及在诚恳和蔼的态度上，不都是为你们树立了榜样吗？因此，把你们有益的信任毫无保留地托付给这些如此贤明的官员吧！这份信任是一个有理智的人对有德行的人应当表示的。想想吧，是你们选择了他们，而他们会证明你们的选择是对的：被你们赋予地位的人所拥有的所有荣誉最终必将回到你们自己身上。你们中没有任何人会不知道：一旦法律失去效力，你们的保卫者丧失权威，没有任何人可以继续享有保障和自由。

"因此，你们除了要**保持一颗虔诚的心和适当的信心，根据自己真正的利益和义务，从理性出发去做你们经常应该做的事情**之外，还有什么其他可考虑的呢？

"在宪法的维护方面，我希望你们永远不要产生那种罪恶而又致命的冷漠态度，因为这种态度会导致你们在必要时刻听不进你们当中最具智慧、最虔诚之人的明智建议。我希望公正、节制的美德和最具敬意的坚强意志能够继续支配你们的一切行动，并且能够继续由你们自身，向全世界展现出一个既英勇又谦逊、既热爱名誉也热爱自由的民族的榜样。

"尤其要小心的是：永远不要去听那些别有用心的曲解和恶毒的言辞，其背后隐藏的动机，往往比这种动机支配下的行动要危险得多。以上便是我对你们的最后一个忠告。一只机警而又忠诚的看家犬只有当听见小偷靠近时才会紧急地叫唤起来，于是整个屋子的人马上苏醒过来，立刻处于警惕状态；但是，人们却讨厌那些扰乱公共安宁、无休无止地狂吠着的狗，它们发出的不合时宜的警报，会使人们在必要的时候，反而不再相信了。"

卓越的、无比尊贵的执政者们，自由人民的尊贵可敬的官员们，请允许我专程向你们献上我由衷的敬意和忠心。如果在这个世上存在一种地位，能使处于这一位置的人们获得荣耀，那么毫无疑问，这个地位必然是才能和德行造就的，而你们确实是值得拥有的，于是你们的公民才将你们选拔到那种位置上去。公民们自己的功绩为你们的功绩增添了新的荣耀；而且，因为你们是由能够领导别人的人们选举出来领导他们自己的，所以我认为你们高于其他官员，正如同一个自由的民族（尤其是你们有幸统治的这个民族）在智慧与理性的照耀下，远远处于其他国家的贱民之上一样。

请允许我举一个例子，这个例子给我留下了最美的印象，它经常浮现在我的心头。

每每想起那位给予我生命的有道德的公民，一种最温存的感情油然而生——在我的童年时代，他总是教导我要对你们怀有敬意。我至今仍然能够想起他在世时用双手劳作的画面，那时，他用最崇高的真理让自己的灵魂变得充实。我看见塔西佗 *Tacite* [1]、普鲁达克 *Plutarque* [2] 和格劳秀斯 *Grotius* [3] 的著作

---

〔1〕罗马帝国执政官、雄辩家、元老院元老，也是著名的历史学家与文体家，他最主要的著作是《历史》和《编年史》。

〔2〕罗马帝国的希腊作家，以《比较列传》（又称《希腊罗马名人传》或《希腊罗马英豪列传》）一书闻名后世。

〔3〕荷兰国际法学家，古典自然法学派主要代表之一，世界近代国际法学的奠基人，同时也是近代自然法理论的创始人之一。他还是哲学家、神学家、基督教护教论者、剧作家以及诗人。主要著作有《战争与和平法》、《捕获法》和《论海上自由》。

和这位公民的行业所需要的各种用具杂陈在他的面前。我仿佛看见他亲爱的儿子依傍在他身边，接受着父亲最好的温存教育，只可惜这个儿子没能从父亲的教育中得到什么效果。但是，尽管失去理智的青春曾让我迷失道路，使我在一段时间内忘记了如此明智的教诲，所幸的是，最终我还是体会到：无论一个人对邪恶是如何地迷恋，一颗慈爱的心给予他的教育不可能总是不起作用的。

卓越的、无比尊贵的执政者们，这就是出生在你们所统治的国家的公民或者说居住在那里的普通居民。他们都是学识渊博和通晓事理的人，而在其他国家，人们却将这样的人称作"工人"和"平民"，对他们总是抱着一种十分鄙视的错误观念。我非常高兴地承认，我的父亲在他的同胞中并不是最杰出的那一个；他就是他自己的样子，只是众人中的一个。要知道，没有任何一个国家，其社会是由最正直的人成功探索和培养而成的。

感谢上天的眷顾，我本不应该说，同时也无需对你们说，具有他那样品质的人们，应当受到你们的何等尊重。他们在所受的教育方面，在自然的权利方面，以及在由于他们的出生而享有的权利方面，与你们都是平等的。

他们之所以成为你们的臣民，是出于他们自己的意愿，是因为他们对你们的丰功伟绩应有的而且已经表现出来的敬爱。他们如此敬爱你们，所以你们对他们也应该心存感激之情。我非常高兴地发现，你们带着何等的仁慈与和蔼，来为他们缓和法律执行者应有的严峻；对于他们应该对你们表示的服从与尊重，你们又是以何等的器重与关怀来回报他们。这是充满正义和智慧的做法，它可以让那些本就应该被人遗忘而且不应再被提及的不幸事件逐渐远去。正因为你们的行为如此贤明合理，所以这些公正、慷慨的人民以履行自己的义务为乐，自然而然地向你们表达敬意，而最终最想要维护自身权利的人，正是最希望维护你们的权利的人。

一个文明社会的领导人追求整个社会的荣耀和幸福不足为奇，但是，对于将自己看作另一个更加神圣、更加崇高的天国的官员，或者更确切地说，将自己看作这个天国的主人的人们，当他们对养育他们的尘世间的祖国也表现出一丝热爱时，这对人类灵魂的安宁而言，是毫无益处的。

然而，我们的人民却是一个罕见的例外，我非常高兴地发现，我们最好的公民能够做到虔诚地追随法律所规定的那些神圣教条，他们堪称真正的灵魂牧师，他们那生动而又极其温和的说服力使他们在心里能够更好地铭记福音的准则，因为为了传播福音，他们总是身体力行。

所有人都知道布道的艺术在日内瓦取得了多大的成功，但是，由于人们见惯了说一套做一套的现象，很少有人知道基督教义、道德的神圣、对自己的严厉和对他人的仁慈在牧师身上占据着多么重要的地位。或许，只有日内瓦这座城市做到了神学家与文人在社会中最完美的结合。我认为，要让两者永久和平共处，这在很大程度上取决于他们相互间认可的智慧和节制，以及共同的希望国家繁荣昌盛的虔诚之心。我充满喜悦与敬意，同时不无惊奇地发现，他们是那么地惧怕那些神圣而又未开化的人类所规定的教条！历史已经为我们展示了多个类似的例子，他们为了维持所谓的神权，实则就是他们自身的利益，一边不惜大肆屠杀生命，另一边，又不断强调人们应该始终尊重他们的生命。

我怎么可能忘记在共和国里占人口半数的可贵的妇女们呢？正是她们给予男人幸福，利用她们的温柔和智慧保持着共和国安宁、善良的风俗。可爱而有德行的女同胞们，你们女性的命运始终主宰着我们男性的命运。何其幸哉，你们那只在配偶关系中执行的贞洁权力，只为国家的荣耀和大众的幸福而存在！正是这样，妇女得以控制斯巴特；也正是这样，你们才得以统治日内瓦。有哪一个未经开化的男人能够抵挡住从一位温柔的妻子口中发出的荣耀、理性的声音？有谁在看到你们那简单朴实的服装后，不会认为这是对"美丽"最好的诠释，从而去鄙视那虚妄的奢华呢？是你们一直以来用可爱而又纯洁的权威以及博爱的精神维持着国家的法律，让公民和谐地团结在一起，并使不同的家庭联系起来。

尤其地，你们还用你们那教诲中具有说服力的温存和对话中充斥着的朴实恩惠来修正那些年轻人在其他国家可能误入的歧途。在那里，他们不去充分利用那些有用的东西，而是用妇女般的幼稚口吻和荒谬神情去追寻一种我无法形容的所谓的强大。这只不过是对于奴役状态的轻浮的补偿，根本而且永远无法与令人敬畏的自由相提并论。

因此，始终做你们自己吧，去做道德和与和平互相联系的忠贞的守卫者吧！以义务和美德为名，继续大力弘扬那发自内心和自然的法律吧！

我自认为我所说的论断不会与事实相悖，因为我将公民的公共幸福和共和国的集体荣耀的未来建立在了一个如此可靠的基础之上。我承认，即便有了这些优点，在那令大多数人头晕目眩的光辉面前，这个国家并不会显得非常夺目。

然而对这种光彩的幼稚而又致命的爱好，却也正是幸福和自由最大的敌人。愿那堕落的青春到别处去寻找浮浅的快乐和长久的懊悔吧！愿那些所谓有品之士到别的地方去欣赏那雄伟的宫殿、美丽的马车、富丽堂皇的家具、浮夸的戏剧以及所有为了放纵和奢华而精雕细琢的事物吧！在日内瓦，我们能够看见的只有平凡的人类。但是，能见到这些平凡的人，这件事本身就具有莫大的价值。而急于见到日内瓦公民的人们，和其余那些羡慕一切事物的人相比，也是毫不逊色的。

卓越的、无比尊贵的和至高无上的执政者们，我对你们的共同幸福寄予莫大的关怀，还请你们接受我这种最恭敬的表述。如果我不幸由于内心过度兴奋，而在言辞中有所冒犯，还恳请你们念及一个真正的爱国之士的忠诚而宽恕我，因为我除了看到你们大家都很幸福因而自己也会感到幸福外，再也无法设想自己还能够有什么更大的幸福了。

　　卓越的、无比尊贵的和至高无上的执政者们，我谨向你们表达我最崇高的敬意！

　　　　你们最谦卑、最顺从的仆人和同国的公民

　　　　　　让－雅克·卢梭

　　　　1754 年 6 月 12 日于尚贝里

序

在我看来，所有人类知识中最有用却最不为人类了解的一点，就是对人类自己的认识[2]。我敢说，仅仅那些镌刻在德尔菲斯神庙上的铭文，就比所有那些伦理学家的鸿篇巨制所蕴含的箴言显得更加重要，理解起来也更加困难。

因此，我将此篇论文涉及的主题视作哲学思考中最有趣的一个问题。

但是同时，不幸的是，对于我们而言，这也是哲学家们最难以解决的问题之一。这是因为，我们如何在不了解人类的前提下去探讨人类的不平等？我们如何能够分清人类特征中哪些是其固有特征，哪些又是环境和进步在其原始状态基础上的增加或改变？这就像那海神格劳克斯 *Glaucus* 的雕像：时间、大海和暴风雨使它失去了原有的模样，使海神的形象看起来不再像一个神，而是像一头凶猛的野兽。这正如那人类灵魂在社会中扭曲的面孔，由于不断发生的上千种原因，在接受诸多知识与谬误的过程中，在身体构造不断变化的过程中，以及在情欲的不断冲击下，它早已改变了原有的样子，变得让我们几乎难以辨认了。我们看到的已经不再是那些根据固定不变的准则行事的存在，不再是具有造物者赋予他们的卓越、崇高的简单的存在，而是自认为合理的情欲与处于错乱状态中的智慧的畸形对立。

更为不幸的是，正是**人类取得的所有进步使其不断远离最初状态**。我们获得越多的新知识，就越无法获得理解最重要事情的途径。也就是说，我们越是努力地去研究人类，就越无法理解人类。

很显然，我们应该从人类构造的一系列变化中去寻找将人类区分开来的差别的最初源头。这里存在着一个共识，即人类和其他所有物种一样，在最初状态下是平等的，直到不同的生理原因使一些物种发生一些可以被我们观察到的变化。事实上，对于这些最初的变化而言，无论它们以何种方式发生，都不可能同时在一个物种的所有个体上产生相同程度的影响，而是会出现有的人在获得不同品质后变得完善或者堕落——这些品质或好或坏，但都不属于他们的本性，而其他人则可以更长时间地保持在自然状态下的情况。这便是人类不平等的最初起源，这样大致的阐述比精确地考察其真正的原因要来得简单。

因此，希望读者们不要期待我能够明白那些在我看来如此难以理解的事物。我一开始做了些推论，然后尝试着做了一些推测，这样做的目的并不是想要解决这个问题，而是旨在将之阐明，呈现出其真实状态。其他人可以轻易地沿着这条道路走得更远，但是没有一个人可以轻易地到达终点。这是因为，我们要做的事情并不是只需要理清人类现在的特征中哪些是最初的特征，哪些是非自然的特征，也不是只需要很好地去理解一个现在已经不复存在，过去可能从未存在，将来也可能永远不会存在的状态，尽管有关这一状态的精确概念将有助于我们对现存状态的研究。人们还需要更多哲理去想到一个试图精确定义在对这个主题进行可靠观察时所要注意的事项。在我看来，能够出色解答以下问题的人堪称我们这个世纪的亚里士多德和普林尼 *Pline*[1]，这一问题是：为认识自然的人类，什么样的实验是必需的；以及在社会中，进行这些实验的方式有哪些？我并没有试图回答这一问题，而只是深入地思考了这一主题。我敢预言，无论是最伟大的哲学家还是最强大的执政者，都无法

〔1〕 世称老普林尼（与其养子小普林尼相区别），古罗马"百科全书式"作家，一生写作的七部书中六部已散失，仅存片段，仅有三十七卷《自然史》广为流传。

很好地从事这些实验。如果我们期待着他们双方共同协作，尤其是期待他们双方为了达到成功，肯以坚韧的精神或者无穷的智慧和必要的意愿共同协作，那是非常不明智的选择。

　　人们至今还未对这些艰难的研究作深入思考，但这些研究却是我们得以了解人类社会真正基础的唯一途径，是让我们排除在这条道路上令我们望而却步的诸多困难的良方。正是对人类本性的无知使得我们对**自然法**（le droit naturel）[1]的定义模糊不清。正如布拉马基 *Burlamaqui* [2]所说："法"的概念或者更确切地说"自然法"的概念，显然就是关于"人类本性"的概念。因此，正是从人类的这一本性出发，从人体的构造和状态出发，人们才得以推导出这门学科的准则。

　　当人们发现所有那些讨论过这一重要主题的作者，对这一点的理解都有所不同时，他们必定会感到惊讶和不解。在所有这些最具权威的作者中，我们几乎无法找到任何两个人拥有一致的观点。且不提那些古代的哲学家，他们似乎竭力要在最为基础的准则方面互相反驳。那些罗马的法学家们无情地将人类和其他所有动物毫无区别地置于相同的自然法之下，因为他们

〔1〕定义方面争议较多，萌发于古希腊哲学，其意义包括道德理论与法学理论。自然法主张天赋人权，人人平等，公正至上，是整个科学的思想基础和各种具体法规的指导原则，它高于一切人定法和人为权利。卢梭写作这种人类自然平等的思想是对罗马法律实践的理论概括与升华，标志着当时罗马法学已高度成熟。
〔2〕自然法学派中的一员，该学派推翻了神权的说法，主张自然赋予人类基本的自由和平等的权利。

宁可把"自然法则"这一名词，理解为自然作用于自身的法则，而不是自然所规定的法则；或者更确切地说，这些法学家是以一种独特的方式来理解"法则"这个词语的，所以在这种情况下，他们认为"法则"只不过表示大自然为保证所有生命体的共同自我保存而在它们之间建立的一般关系。现代的法学家们却将"法则"这一词语理解为，对一个精神的存在，即一个具有理智和自由意志，而且在他与其他存在的关系中被尊重的一个存在所制定的规则。

因此，对于他们而言，自然法的权限必将仅仅局限于有理性的动物，即人类。但是，由于每个人以不同的方式来诠释这个法则，由于他们所有人都在如此形而上的准则基础上建立这套法则，以至于极少有人能够明白这些原理，更别说让自己发现这些原理了。

因此，尽管这些知识渊博的人所下的定义永远处于相互矛盾的状态，但却在这一点上达成共识，即：除了那些伟大的推理爱好者或者深邃的形而上学者，没有人能够理解自然法，因而也无法遵守这个法则。也就是说，人类为了建立社会一定是使用了智慧的，这种智慧需要经历大量艰苦的努力才能被发展，而且即使在社会状态里，拥有这种智慧的人也是屈指可数的。

既然我们对大自然的了解如此肤浅，而且对"法则"的理解存在如此大的分歧，我们便很难得出一个统一的关于自然法的定义。因此，对于所有那些我们在课本上找到的定义，它们的缺陷不仅体现在其定义的不统一上面，而且还在于它们是从人类并非天生拥有的知识以及人类只有离开自然状态后才可能产生的优势概念中提炼出来的。人们往往先寻求一些能够促进公共利益而被大家共同认可的准则，然后将这些准则综合起来，便称之为自然法。这样做的唯一依据是，我们可以从这些准则的普遍实施中看到好处。毫无疑问，这是下定义的一种最简便的方式，同时也可以说是以武断态度来解释事物性质的最简便的方法。

但是，由于我们对自然人类根本一无所知，因此，我们想要确定自然人类后天获得的或者最适合其构造的法则也只是徒劳。有关这一法则，我们所能够明确指出的只有以下两点：首先，为了可以称其为法则，必须使其规范对象的意愿有意识地服从这个法则；其次，这个法则必须是自然的，能够直接体现自然的声音。

让我们将所有那些只能让我们看到人类既成模样的科学书籍扔到一边，仔细去思考人类灵魂最初、最简单的运作吧！

我从那里看到了先于理性存在的两大原则，其中一个原则让我们对自己的幸福（bien être）和自我保存产生浓厚的兴趣，而另一个原则就是在看到所有感性存在尤其是同类死亡或者痛苦时会产生天然的反感情绪。而我们的精神正在做的就是，在不需要引进人与人之间的关系准则（sociabilité）的前提下，对这两个原则进行协调并且加以配合。在我看来，正是这两个原则的协调与配合催生了自然法的所有规则。随后，理性通过其不断的发展，终于达到了让本性窒息的程度，那时候，便不得不将这些规则建立在其他基础之上了。

因此，我们大可不必在将人类变成一个人之前先将他变成一个哲学家。他们并不仅仅因为后来出现的智慧和教训，才对别人存在义务。只要他不去抗拒怜悯心的自然冲动，他便永远不会对其他任何人，甚至是任何感性的存在作恶，除非是在他的自我保存受到威胁，他被迫优先考虑自己时，才会做出这样的正当举动。通过这一方式，我们也可以结束有关动物是否遵从自然法的古老争论。这是因为，很显然，动物在既没有智慧又没有理性的情况下是无法意识到这个规律的，但是由于它们拥有的感知与我们的天性有些共通之处，因此人们有理由认为它们也遵从自然法，同时，人类也被迫对这些动物存在某种义务。事实上，如果我被迫不对我的同类作恶，这更应该是因为他是一个感性的存在，而不是因为他是一个理性的存在。这个性质既然在畜牲和人类之间共通，那么它至少应该给予畜牲一种权利，即在对人类毫无益处的情况下，人类不应当虐待畜牲。

这个研究主要是关于最初的人类，关于他们的真正需求及他们义务中的主要原则。人们在探讨道德不平等这一政治主体的真正基础的起源，以及这一政治主体中成员相互间的义务，还有成千上万其他相似问题时会遇到重重困难，为了消除这些困难，这个研究是唯一好的途径。所有这些问题都是至关重要而又有待阐明的。

当我们以一种平静、公正的眼光看待人类社会时，一开始它似乎只展现出了强者的暴力和对弱者的压迫。一些人精神反抗所遭受的严酷，让人们对另一些人的盲目感到惋惜。由于在人类中，没有任何东西比由偶然而不是智慧产生的外部关系来得更加不稳定，因此，乍一看，人类的组成似乎是建立在一片片移动的沙子的基础之上的。我们称这个外部关系为强或弱，富裕或贫穷。

只有当进一步观察，剥去围绕在建筑物周围的沙尘时，我们才能够瞥见这幢建筑物不可动摇的根基，才能够学会尊重它的基础。然而，如果没有对人类、人类的自然禀赋以及他的持续发展的深入研究，我们永远无法做出这些区分，永远无法在事物的现有组成中将神意的东西与人类艺术产生的东西分离开来。我思考的这一重要问题引发的所有其他政治和道德推理对我的研究都非常有帮助，我所推测的政体历史对于人类而言绝对是具有启发意义的一课。

当我们考虑到，如果任由我们自然发展，我们将会成为什么样子，我们就应该学会感激这个人：早在他用乐善好施之手改正我们的制度，并给予这一制度不可动摇的基础时，他便已经预测到了现行制度可能导致的骚乱，并用一些看起来似乎使我们遭遇无限苦难的方式，使幸福常与我们同在。

神让你做什么样的人？

现在，你在人类中占据什么样的位置？

对此，你应该有所思考。

本论[1]

我要讨论的是人，我所讨论的主题启示我将与人类对话。我总认为，惧怕敬重真理的人是不会提出这类问题的，所以，我站到了这里，在所有邀请我的智者面前，信心满满地为人类辩护。如果最后，我没有辜负这个主题和诸位评审员，我将非常高兴。

我认为在人类中存在两种不平等：一种我称之为自然的或是生理的不平等，这种不平等是由自然造成的，主要体现在年龄、身体、体力、智力以及心灵方面；另一种我们可以称之为精神

---

〔1〕本文是卢梭为回答第戎学院所提出的问题所著，这个问题是："人类不平等的起源和基础是什么？这一起源是由自然法决定的吗？"卢梭的论文并未获奖，当时的获奖者为达尔贝 *Talbert* 神父（1751 年出版，共 38 页）。

的或是政治的不平等，这种不平等依靠一种公约，在人类共识的基础上被建立起来，或者至少为人类共识所认可，主要体现为少数人通过损害他人利益而享有的各种特权，例如更加富有、更加尊贵、更加强大，或者甚至让他人臣服。

我们不必追问"自然的不平等"的源头，因为"自然的不平等"一词本身就是答案了。我们更不必追问两种不平等之间是否存在实质性的联系，因为换句话说，这就相当于我们去追问发号施令的人是否一定优于服从的人，在同一人群中，人们的体力或智力、才能或品德是否总是与他们拥有的权力和财富相称。这样的问题适合那些被主人监听的奴隶去讨论，却并不适合那些追求真理的理性、自由的人。

那么，这篇论文具体是关于什么呢？

首先，要指出在事物发展进程中，法律得以代替暴力、自然得以服从规律的转折性时刻；其次，要解释通过怎样的一系列"奇迹"，才能使强者服务于弱者，使人民能够以牺牲真正幸福为代价，最终获取一种空想的安宁。

所有研究过社会基础的哲学家都意识到了回归"**自然状态**"的重要性，却没有任何一个做到了这一点。有些人毫不犹豫地假定处于"自然状态"的人类拥有"正义"和"非正义"的观念，却没有指出他们为何有这种观念，甚至也没有说明这种观念对他们有何用处；有些人谈到了自然权利，认为每个人都有保存属于自己东西的权利，却并没有阐明"属于"的含义；还有些人首先赋予强者统治弱者的权力，接着就使政府诞生，却没有考虑到人类接受"权力"和"政府"等概念所需要的时间。

总之，那些不断地谈论着需求、贪婪、压迫、欲望和傲慢的人，其实是将他们从社会中获得的观点搬到了"自然状态"。他们讨论的是野蛮人，描绘的却是文明人。在绝大多数学者的脑海里，他们甚至从未对"自然状态"的存在产生过疑问，然而通过阅读《圣经》，我们会发现，第一个人从降世之初便从上帝那里获得了智慧与训诫，因此他本身并不处于"自然状态"；而且如果我们像所有基督教哲学家那样笃信摩西的著述，我们也会发现，就算在大洪水之前，人类也从未处于纯粹的"自然状态"，除非他们曾因为某种非比寻常的事故回复到那个状态，那就另当别论了。这确实是一个令人困惑的悖论，我们很难为之辩护，也无法将之证明。

让我们抛开所有这些事实，因为这些与我们想要探讨的问题毫不相关。我们不应当把那些可以帮助我们了解这一主题的研究当作历史真相，因为这些研究只能算作有条件的假言推理。这些研究就像物理学家研究世界的组成那样，可以阐释事物的性质，却无法解释事物的真正源头。宗教让我们相信：上帝刚把人类创造出来，就立即使他们摆脱了"自然状态"，而人与人之间之所以存在不平等，是因为这是上帝的意志。但是，宗教并没有禁止我们只根据人类及其周围事物的性质做出这样的猜测：如果任由人类自由发展，他们的命运将会如何？这正是我被问及的问题，也是我在此篇论文中将要探讨的主题。

论文主题涉及整个人类，因此我将试着使用一种适合各个民族的语言；我将忘记时间与地点，只想着在听我讲话的人们，并假想自己身处雅典学院的课堂，背诵着老师留下的功课，同时请柏拉图 *Platon* 与色诺克拉特 *Xénocrate*[1]那样的人充当评判，请人类充当听众。

哦，人类啊！无论你来自哪里，无论你的观点为何，请听我说！这就是我所读到的关于你们的历史，这并不是从你们同类那骗人的书籍中获得的启示，而是从那从不撒谎的大自然中窥见的真理。所有来自大自然的东西都将是真实的。除非是因为我不小心掺杂了自己的意见。我要探讨的年代已经非常久远了。你们的变化可真大啊！

因此，我要向你描述的是你同类的生活，我将从你后天获得的品质出发进行描述，尽管那些品质早已在教育和习惯中日渐堕落，但是它们还没有被完全摧毁。我总觉得存在着一个人类个体想要停留的时代，你将去寻找你希望整个人类停留的时

〔1〕古希腊哲学家之一，柏拉图的学生。一生大部分时间均在雅典学院学习研究。公元前339年起任学院领袖，直至终年。

代。当你不满于现状，而且对你可怜的后代将要面临的时代感到更加不满的时候，你可能会产生想要回到过去的愿望。这种想法应该会颂扬你们的祖先，批判你们的同时代的人，并且使那些将在你们之后继续苟活的可怜的人感到震惊。

第一部分

为了正确地判断人类的自然状态，追溯其源头，从人类最初的胚胎阶段进行研究固然至关重要。

但是，我并不打算通过人类的连续发展来探寻其构造。我并不打算停下来，从动物体系出发去寻找他最初的模样，从而研究他最终是如何成为现在的样子。我也并不打算去求证：他那伸长的指甲是否如亚里士多德所说的那样，一开始并不是钩形的爪子；他是否并不像熊那样，毛发旺盛；他是否并不像人们所认为的那样，四肢行走[3]，眼睛盯着地上，视力所及之地不足几步之距，因而他的观念的性质和范围无法同时被决定。

对于以上问题，我只能给出一些模糊的甚至是假想的推论。

比较解剖学发展得太过迟缓，而自然主义者们的观察又有太多的不确定性，从而使得我们难以在这些依据之上建立一个可靠的推论基础。

因此，如果我不借助于有关这方面的超自然知识，也不去考虑人类因为将四肢用于新的用途和食用新的食物而在内部和外部构造上必然发生的那些变化，我将假定——任何时代的人类都如我今天所看到的那样，直立行走，像我们一样使用双手，环顾整个自然，用眼睛丈量着天空的浩瀚。

对于这样的人类，当我们将所有那些后天得到的超自然力量，以及所有那些只有经过长期进化才能获得的非自然能力从他们身上除去，总之，就是将其设想为出自大自然之手时，一个并不比别的动物更加强大或是敏捷，但其构造却是所有生物中最有优势的一个动物。我看见他在橡木树下进食，在任意一条溪流边解渴，在为他提供食物的树下睡觉。就这样，他的需求便已经被完全满足了。

肥沃的大地⁴上面覆盖着浓密的森林，斧头永远别想将之毁坏。森林所到之处为各种动物提供了仓库和巢穴。分散在动物中的人类便观察并模仿着它们的技能，因而逐渐具有了兽类的本能。尽管每种动物可能都有自己独特的优势，而人类却一无是处，但是人类懂得将所有属于其他物种的优势化为己有。

此外，大部分其他动物享用的食物⁵都能够让人类充饥，因此，人类比其他任何一个物种都更加容易觅得食物。

　　人类从小就习惯了空气的恶劣和季节的严酷，他们在忍受疲劳方面训练有素，为保卫自己的生命和猎物，被迫在赤身裸体、手无寸铁的情况下对抗其他猛兽，或者为躲避猛兽，不得不迅速逃跑。就这样，他们练就了强健的体质，而且这种体质几乎持久不变。孩子一出生就从父亲那里遗传了他们优良的体质，并通过相同的训练将之进一步加固，从而最终获得人类所能够达到的最强健的体格[1]。自然对待他们，就像是斯巴达的法律对待公民的孩子一样，它使那些生来体格健全的人变得更加强大与健壮，同时使所有其他人走向灭亡。

　　这与我们现在的社会有所不同，在我们的社会里，国家使孩子成为父亲的负担，因而在这些孩子出生前，就不加区分地将他们扼杀了。

　　野蛮人的身体是他们拥有的唯一工具，他们将这一工具用于多种途径。然而，由于缺乏训练，如今我们的身体已经不具备这些用途。正是我们的技能使得我们失去了野蛮人所必须掌握的力量与敏捷。

　　试想一下，如果拥有斧子，他们还能够徒手折断如此粗的树枝吗？如果拥有弹弓，他们还能够如此有力地用手抛出石头吗？

---

〔1〕通过借助于物理上的测力法所做的比较实验，我们发现，当所有人经受同样考验时，生活在范迪门（Van-Diemen，澳大利亚北部）大地上的野蛮人，其力气远不如英国人和法国人。参见《贝隆的澳大利亚之旅》，第一卷。

如果拥有梯子，他们还能够轻易地爬上一棵树吗？如果拥有马匹，他们还能够跑得这么快吗？如果给文明人一些时间，让他们集齐周围所有的机器，那么毫无疑问，他们将轻易地战胜野蛮人；但是，如果您想看一场更加不公平的战斗，您可以试想文明人和野蛮人都处于赤身裸体、手无寸铁的状态，那么您就会明白野蛮人不断地积攒这些力量，时刻准备应付任何事情并且总是全身心地投入战斗[6]的优势了。

英国哲学家霍布斯 Hobbes 认为：人类生来强悍，他们一心只想着进攻与战斗。但是，杰出哲学家如昆伯尔兰 Cumberland 和普芬道夫 Pufendorff 等的观点却恰恰与之相反——他们认为，没有任何一种生物比处于自然状态下的人类更加胆怯了！他总是颤抖着身子，任何细微的响动都会让他立即逃走。对于他所不知道的事物，情况也是这样的。我也绝不怀疑，当任何一种新奇景象出现在他眼前时，他会被吓到，因为他无法判断等待他的事情是好还是坏，也无法衡量自己的力量与所要冒的风险。但这种情形在自然状态下，毕竟是很少见的。

在自然状态下，所有事物都以如此统一单调的方式运行着，大地并不会轻易受到任何由聚居人群的情欲和善变造成的突发性或持续性变化的影响。

然而，充满活力的野蛮人分散在动物中间，大清早就处于与这些动物的较量之中了。很快地，他开始比较，并且发现他在灵敏度方面的优势其实超过了其他某些动物在力量方面的优势，就这样，他开始学会不再害怕。

让一头熊或一匹狼与一个强壮的野蛮人对战，尽管对方非常敏捷和勇敢，但是我们会发现，手持石头和结实木棍的野蛮人在这些猛兽面前毫不逊色，双方至少算得上势均力敌。在经过数次类似的经历后，那些本就不喜欢互相厮杀的猛兽发现人类与它们同样凶猛，因此也就不再主动袭击对方了。对于那些在力量方面的优势确实远远大于野蛮人在灵敏度方面优势的动物而言，野蛮人在它们面前与其他更加弱小的动物一样，但这些动物同样生存了下来。

此外，人类还拥有这样一个优势，即一方面在奔跑方面与其他动物同样精力充沛，另一方面又在树上找到了几乎能够保障安全的居所，从而在与敌人狭路相逢时能够做到进退自如，可以自由地选择是逃跑还是战斗。

我们还需要注意的一点是，似乎没有任何一种动物是生来与人类为敌的，除非它们是为了自卫或是处于极度饥饿的情况下。此外，也没有任何证据可以证明它们之间有着深仇大恨，似乎其中一个物种生来就应该以另一个物种为食那样。

这或许就是为什么黑人和野蛮人经常在树林里遇到野兽而不感到恐惧的原因吧！从这方面来说，委内瑞拉的加勒比人应该生活得最安全了，他们在生活中不会感觉到任何的不便。旅行家弗朗索瓦·柯勒阿 *François Corréal* 曾经说：尽管他们几乎赤身裸体，但他们非常大胆地出没于森林之中，身上装备的武器只有弓和箭。但人们从未听说过他们当中有人被野兽吞食。

　　还有另外一种更加可怕的敌人，在这个敌人面前，人类将无处遁形。这个敌人就是：幼弱、衰老和各种疾病等天然缺陷。在这些象征着人类弱点的悲哀符号中，前两者是所有动物所共有的，而后者则主要属于生活在社会中的人类。

　　有关幼弱这一主题，我甚至还观察到，人类母亲走到哪里都带上孩子的习惯大大地方便了其对孩子的喂食，这比那些被迫不断地往返于觅食地与哺乳地之间，最终筋疲力尽的动物要方便许多。固然，如果母亲不幸遇难，那么她的孩子将极有可能同时丧生，但是这种危险是其他上百种其他动物所共有的，因为这些动物的孩子同样在长时间内不能自行觅食。虽然我们的幼年期比较长，但是我们的生命也比较长，在这一点上，人类和其他动物差不多都是一样的[7]。尽管幼年发育期的长短及幼儿数量的多少方面[8]还遵循着其他的规律，但这就不属于我讨论的范围了。

　　对于老年人而言，他们活动和出汗的机会都减少了，对食物的需求也随着寻找食物能力的降低而减少。野蛮的生活使他们得以远离痛风和关节炎，而衰老则成为所有痛苦中人类最无力解除的一个。就这样，他们终将慢慢死去，人们无法察觉他们生命的消逝，就连他们自己也被蒙在鼓里。

至于疾病，我不会重复那些大多数身体健康的人发出的反对医学的空洞而又虚假的说辞。

但是，我只是想问，是否存在着某种可靠的观察，能够让我们证明在医学这门艺术最不受重视的国家，人民的平均寿命一定低于那些悉心呵护身体的国度？以及，如果我们被传染上的疾病超过医学能够为我们提供的治疗能力，情况又会是如何？

生活方式的极度不平等导致有的人悠闲过度，而有的人却劳累不已；我们的食欲和性欲都太过容易地被刺激着和满足着；富人家的食物过于精致，他们只摄入增加热量的精华部分，从而减弱了自身的消化功能，而穷人家只能吃粗茶淡饭，而且经常食不果腹，因此一有机会他们便不免贪吃，从而加重了肠胃的负担。彻夜不眠以及种种过度行为；各种情欲的放纵、身体的疲惫以及精神的衰竭；所有状态下的人类都感受到了无尽的忧伤与痛苦，他们的灵魂也因此被无休止地侵蚀着。

于是，我们得出令人无比沮丧的结论：我们所经历的大多数苦难都是我们咎由自取的结果，同时，如果我们能够维持自然赋予我们的简朴、单纯、孤单的生活方式，我们本可以避免所有这些苦难。

如果自然赋予我们的是健康，那么我几乎可以确定：**思考的状态是一种反自然的状态，而进行思考的人类则是堕落的动物。**

当我们想到野蛮人（至少是那些我们还没有用烈酒败坏了

他们体质的野蛮人）的强健体质，当我们发现他们除了受伤与衰老之外几乎不受任何其他疾病之苦时，我们有理由相信：循着文明社会的发展历程，我们可以轻易地描绘出人类的疾病史。这至少是柏拉图[1]的观点，他曾根据波达利尔 *Podalyre*[2] 和马卡翁 *Macaon*[3] 在特洛伊城被围困时使用过或者赞许过的一些药物来推断，这些药物所引起的各种疾病，在当时尚未被人们所认识；赛尔斯 *Celse*[4] 也曾说过，对现代人至关重要的节食疗法，不过是出自伊波克拉特 *Hippocrate*[5] 的发明。

处于自然状态下的人类疾病源头那么少，因此他们既不需要药物，更不需要医生。从这一角度看来，人类的处境并不比其他任何一个物种差。从猎人那里我们不难了解到，他们在捕猎过程中是否经常遇到很多残疾的猎物。他们曾经遇到过不少动物，这些动物虽然身体受过严重创伤，但最终还是很好地结了疤。当它们的骨头甚至是四肢被折断时，在没有外科医生的情况下，它们仅仅依靠时间以及自身机能也能很好地恢复，而不用深受手术刀

〔1〕参照《论共和国》，第六卷，第 301 页，德·多庞出版社。
〔2〕古希腊神话中的军医，特洛伊战争中的人物，为医神阿斯克勒庇俄斯之子。
〔3〕古希腊神话中的军医，参加了特洛伊战争，与波达利尔为同胞兄弟。被装在木马中的战士之一，在特洛伊战争中战死。
〔4〕古罗马时期最有影响的医学大师、动物解剖学家和哲学家，他被认为是仅次于伊波克拉特的医学权威。他一生专心致力于医疗实践解剖研究、写作和各类学术活动，撰写了超过五百部医书，并根据古希腊体液说提出了人格类型的概念。
〔5〕被西方尊为"医学之父"的古希腊著名医生，欧洲医学奠基人。提出"体液学说"，其医学观点对西方医学发展有巨大影响。

切口的折磨，也不用被麻醉剂毒害，更不用被禁食弄得筋疲力尽。

最后，无论精良的医术对于我们而言有多么地重要，我们总可以断言，虽然野蛮人在受伤时孤立无援，只能依靠自然，但是另一方面，他也只需要为自身的这一损伤担忧。这样说来，他的处境似乎要好过我们。

因此，不要再将野蛮人与我们现在看见的人混为一谈了！自然对所有处于自己看管下的动物有着特殊的眷顾，这份偏爱似乎在向世人展示自然是如何地珍视自己对这些动物的看管权。无论是马、猫、牛还是驴，生活在丛林中的它们总是比被圈养在家中的它们体格更加强健，精力更加充沛，力量和勇气更加旺盛。它们一旦变成圈养动物，所有这些优势就会丢失大半。

可以说，我们对这些动物所有的照顾与喂养都只会让它们退化。人类又何尝不是如此：在群居与奴隶化的过程中，他逐渐变得虚弱、胆小、卑躬屈膝，安乐而又萎靡的生活方式使他不再充满力量与勇气。而且，野蛮人与文明人之间的差异必然大于野兽与家畜之间的差异，因为虽然自然对人类和兽类一视同仁，但人类给自己安排的种种享受比给那些他们驯服的动物要多得多，这就是为什么人类退化得更加显著的原因了。

因此，就算原始人赤裸着身子，居无定所，缺乏所有那些我们认为必不可少实则无用的东西，他们的处境也并没有那么地糟糕，他们的自我保存更不会受到多大的妨碍。即使他们没有厚实的皮毛，但是在炎热的国家，他们根本用不上，而在寒冷的国家，他们又懂得将他们战胜的动物毛皮占为己有；尽管他们只有两条腿奔跑，但是他们还有两只手可以用来防御以及满足各种需求；他们的孩子可能较晚学会走路，而且一开始还走得比较吃力，但是他们的母亲能够非常方便地将他们抱起——这是其他动物所没有的优势，当那些动物被敌人追赶时，它们要么得扔下孩子自行逃跑，要么就得慢下脚步以等待孩子[1]。最后，除非假设遇到我在下面所要谈的那些独特而又偶然的情况（这些情况极有可能永不会发生），否则我们就有理由认为：第一个为自己做衣服、建房子的人，实际上不过是为自己创造了些很不必要的东西。因为之前在没有这些东西的情况下，他照样活得好好的，我们很难明白为什么在长大后反而不能忍受他从小就能忍受的那种生活。

孤独、清闲的野蛮人总是处于危险边缘，他们应该很喜欢睡觉，而且睡眠应该很浅，就像动物那样，由于鲜有思考，因此可以被认为总是处于睡眠状态。

自我保存几乎是他唯一关心的事情，而他最熟练的技能应该就是攻击和防御了，即要么是为了制服别的动物，要么就是为了避免让自己成为其他动物的猎物。而相反地，他的器官却还停留

---

〔1〕关于这点，可能存在一些例外，我们可以以生活在尼加拉瓜的一种动物为例。这种动物外形像狐狸，四足像人的手。根据柯勒阿 *Corréal* 的记载，它们腹下有一个肉袋，当母亲被迫逃命时，可以将孩子装在里面。在墨西哥有一种人们称作特拉瓜钦（Tlaquatzin）的动物或许就是这种动物。据拉爱特 *Laët* 说，这种动物的母兽肚腹下也有一个用途相同的肉袋。

在一个非常粗糙的状态，毫无精致可言，因为器官的自我完善往往需要依靠安逸和肉欲。正因如此，他在感官方面分化为两种截然不同的情况：触觉和味觉都极其粗糙，而视觉、听觉和嗅觉却异常灵敏。这是动物的一般状态，根据旅行家们的记载，也是大多数野蛮人的状态。

因此，当我们听说生活在好望角的霍屯督人（Hottentot）能用肉眼发现公海上面的船只，视力能及之范围堪比荷兰人使用望远镜看到的距离时；当我们得知生活在美洲的原始人能够根据气味嗅出西班牙人的行踪，鼻子灵敏度堪比最棒的猎狗时；当我们看见所有这些野蛮人，不因裸体而感到痛苦，吃很多的辣椒来锻炼自己的味觉，而且饮欧洲人的烈酒就像喝水一样时，我们大可不必感到惊讶。

到目前为止，我只讨论了生理层面的人类，下面，我们将尝试着从形而上和道德的角度出发对人类进行探讨。

在我看来，所有动物不过是一部部精密的机器，大自然赋予这部机器感官，让它能够自行恢复，并且在某种程度上对一切企图毁灭它或者干扰它的东西实行自卫。在人体这部机器中，我恰好看到了相同的东西，但存在这样一个区别：兽类的活动是完全由自然主宰的，而人类则可以作为一个自由的主体参与其本身的动作，即一个是靠本能进行取舍，而另一个则是靠自由行动进行选择。正因如此，兽类永远无法摆脱自然加在它身上的规则，即使有时这样对它非常有利；而人类却经常远离规则，即使有时这会对他产生危害。这就是为什么，一只鸽子即使待在盛满最可口鲜肉的盆子旁也有可能被饿死，而一只猫即使待在一大堆水果或谷物旁也有可能因缺乏食物而丧命。事实上，无论是鸽子还是猫，如果它们勇于尝试，它们完全可以以那些它们所鄙夷的食物为食。人类就是这样坠入了过度行为的深渊，从而给自己招致了发烧和死亡。要知道，精神使感官堕落，而当自然的需求已经得到满足时，意志却还会提出要求。

所有动物都有观念，因为它们都是有感官的。它们甚至可以在某种程度上将不同的观念进行组合。从这一角度出发，人类与兽类别无二致，只是对观念进行组合的程度有所不同。一些哲学家甚至进一步指出，一个人与另一个人之间的差距比一个人与一个兽类之间的差距还要大。因此，在所有动物中，将人区别开来的主要特点并不是人类的理解力，而是人类作为**自由主体**的特征。自然支配着一切动物，而兽类总是选择服从。人类本来面临着同样的压力，但他自认为有选择顺从或者反抗的自由。正是因为人类意识到了这一自由，其灵魂的精神性才得以体现。因为即使物理学可以在一定程度上解释感官的机制以及观念的形成，但是在意志或者选择的力量方面，以及对这一力量的感知中，我们只能发现一些纯精神层面的行为，而这些行为是机械规律所无法解释的。

尽管围绕着所有这些问题的种种难点，使我们在人类与动物之间的区别上还存在着分歧，然而，还存在着另一种非常明显的特征可以在不引起任何分歧的情况下将两者区分开来。这一特征就是：**自我完善**的能力。这一能力可以借助于环境的影响，持续不断地促进其他所有能力的发展，而且这种能力不仅存在于人类个体身上，而且还存在于整个人类物种之中。至于动物个体，它们往往在短短的几个月内就完成了对整个生命的体验，而整个物种在上千年后也不会有任何改变。为什么只有人类才易于变得愚蠢？难道不是因为人类有回到原始状态的风险，而兽类在整个过程中既无所得，也无所失，因而一直活在自己的本能中吗？当人类由于衰老或其他事故而失去所有那些通过"自我完善"获得的能力时，他的处境难道不比兽类更差吗？

当我们被迫承认：这一卓越的、几乎无限的能力却是人类所有苦痛的来源；正是这一能力在时间的长流中将人类从原初状态中拖拽出来，使他不能再过上安静、单纯的生活；正是这一能力在几个世纪中为人类孵化了所有的理智与错误、所有的罪恶与道德，久而久之，将人类变成了统治自己与大自然⁹的暴君，这对我们而言，该是多么可悲啊！生活在奥里诺科河沿岸的居民，用木片贴在他们小孩的太阳穴上，认为这样至少可以保持孩子部分的淳朴无知和原初的幸福。如果我们被迫将发明这一办法的人奉为乐善好施的人物，这未免显得太过可怕了。

在自然的支配下，野蛮人只服从自己的本能。或许是为了弥补他在本能方面可能存在的缺陷，自然又让他拥有了其他能力。

一开始，这些能力可以弥补野蛮人在本能上的不足，然后可以将他们提高到远远超过本能的状态之上。

因此，野蛮人一开始从事的是纯动物[10]行为：观察和感觉将是他最初的状态，这与所有其他动物毫无差别。愿意和不愿意、欲望和害怕将是他灵魂最初甚至是唯一的运作，直到有一天新的环境带来新的发展。

无论伦理学家们作何论述，他们必须承认人类的智力在很大程度上来源于他们的情欲，而他们的情欲也以同样的方式受到他们智力的促进：正是在情欲的不断释放中，我们的理性得到了完善；我们之所以有认知的欲望，是因为我们想要享受。我们无法想象一个既没有欲望又没有恐惧的人却费尽心思地推理。而情欲的源头则是我们的需求，促进其发展的是我们的认知。

这是因为，当一个人想要或者惧怕一个事物时，要么是因为他产生了"不能得到"的念头，要么就是因为大自然的简单驱使。野蛮人没有受到任何理性光芒的照耀，因此他只能体会到由各种自然冲动产生的情欲[11]；他的欲望不会超越身体上的需求；在这个世上，他能够认知的唯一的"好"就是粮食、雌性和休息，而他惧怕的唯一的"恶"就是疼痛和饥饿。这里我说的是疼痛，而不是死亡。因为对死亡以及与之相伴的恐惧的认知是人类摆脱动物状态所获得的最初的认知。

如果有必要，我可以轻易地列举出一些事实来支持这一看法，同时让大家看到：在世界上的每个国家，精神的进步都与那里的人民从自然或是环境中获取的需求，以及为满足这些需求而产生的情欲成正比。我会指出：艺术起源于埃及，并随着尼罗河的泛滥而发展壮大；我们跟随着其发展的足迹来到了希腊，我们在那里看见艺术在阿提卡半岛（Attique）的沙漠和岩石之间发芽、生长、繁茂，却并未在富饶的欧罗塔斯河谷（Eurotas）生根；我还注意到，一般情况下，北方民族比南方民族更加灵巧，因为他们必须这样，似乎这是大自然的安排，让那些头脑更聪明的人无法享受肥沃的土地，以示公平。

但是，即使没有这些历史的模糊证据佐证，又有谁不会认为所有的一切似乎都在阻止野蛮人改变现状，让他们失去摆脱这一状态的必要方式呢？他的想象力不会让他看到任何事物，他在心里也不会有任何的疑问。他可以非常轻易地满足自己微薄的需求，至于对更高需求的向往，他离这样的认知还离得太远：对于这些需求，他既不会作出预见，也不会有丝毫的好奇。他对大自然已经太过熟悉，以至于对在这里上演的一幕幕场景熟视无睹。这里永远是同样的秩序，以及同样的动荡。即使在最令人震惊的奇观面前，他仍能做到面不改色。人们从他身上根本找不到人类需要的哲学，除非他知道哪怕观察一次他的每日所见。没有任何事物可以让他的灵魂受到震动，他每日所关注的只有当下的生存，而没有任何未来的概念，无论这个"未来"是多么地近在咫尺。受眼界所限，他的计划最多会延伸到一日之末。居住在加勒比海沿岸的居民到现在仍然只有这样的预见力：早上，他们兴冲冲地卖掉自己的棉床，可是到了晚上却哭着要去买回来，因为他们根本就没有预见到下一个夜晚可能用得上。

我们越是深入地思考这一问题，就越会感觉到纯粹的感觉与最简单的认知之间的差距。我们无法想象人类是如何只依靠自己的力量，在既没有任何交流也没有任何需求刺激的情况下，完成如此大的跨越。

在人类得以见到除天火以外的火种之前，中间究竟经历了多少个世纪？为学会这一元素最普通的用处，他们得经历多少的巧合？他们在学会生火艺术之前，多少次任由火种默默地熄灭？又有多少次，所有这些秘密跟随着它们的发现者一同死去？对于农业，我们是怎么看的呢？这是一门需要辛勤劳作与卓越远见的艺术。这门艺术与其他艺术息息相关，而且显然只能在至少是已经开始成形的社会中得以实现。没有农业，我们既不能从土地中收获丰盛的粮食，也不能让土地朝着我们所期望的方向发展。但是，让我们做出这样的假设：人类的数量增长过快，天然种植已经无法满足他们的需求（顺便说一句，这一假设指出了人类在这一生活方式下的巨大优势）。然后，在既没有锻铁炉也没有冶炼厂的情况下，耕种工具从天而降，落到了野蛮人手里。接着，虽然他们都对持续劳作深恶痛绝，但是他们克服了这一消极情绪。他们开始学会预见自己在很久之后可能的需求。他们通过猜测了解如何耕种土地、播撒种子、种植树木。再到后来，他们发现了磨小麦和酝酿葡萄酒的艺术。所有这些都来源于上帝的教诲，但是鲜有思考的他们却不知道自己是如何学会这一切的。人类每日辛勤耕耘，为劳作而苦，可是最后收获的粮食却进入了第一个无情的闯入者的囊中，无论这个闯入者是兽类还是人类。试问，每一个人类个体是如何在明知道耕种无法满足自己更迫切需求的情况下说服自己从事这项繁重工作的呢？总之，在这种情况下，怎么会有人如此愚蠢，愿意自寻烦恼辛苦耕耘呢？换句话说，当土地并没有被分配，即在自然状态没有完全消失的情况下，如何能驱使人类去耕种土地的呢？

如果我们假设野蛮人与我们这些受过哲学熏陶的人一样善于思考；如果我们按照哲学家的模样，构思出一个野蛮人哲学家，让他去发现最崇高的真理，然后通过一系列抽象的论证，从对普遍规则的热爱或者人尽皆知的造物主的意愿出发，提出一些有关正义和真理的格言；总之，就是假设在他的头脑里有所有那些他应该拥有的智慧和理性（尽管事实上，我们在他身上只看到了迟钝和愚蠢），那么，人类究竟能够从这种不能相互传授并会随发明者消亡的形而上思考中得到什么益处呢？人类与所有其他动物一起生活在茂密的丛林中，他会取得什么样的进步呢？那些居无定所、相互间无任何需求、一辈子很难见上第二面、互不相识、互相不说话的人类究竟能够相互完善与启迪到何种程度呢？

试想有多少观念的诞生依赖于对语言的使用，而语法的发明又在多大程度上促进了大脑的运作！再想想那难以想象的痛苦，以及在第一种语言被发明出来前那漫长的岁月。当我们将这些思考与前面的思考结合起来时，我们会发现：为逐渐开发人类大脑本就拥有的运作功能，我们得经历多少个世纪！

下面，请允许我简单地讨论一下语言在起源过程中所遇到的障碍。在这里，我可能只是援引或是简单地重复孔狄亚克 *Condillac* 神父[1]对这一主题的研究，因为这些研究完全表达了我的想法，而且正是这些研究启发了我对这一问题的思考。这位哲学家在寻找符号系统(signes instituées)的过程中遇到了重重困难。但是，他解决这些困难所采取的方式表明，他所做出的假设正是我所质疑的方面，比如认为在语言创造者中间已经形成了某种形式的社会。

因此，我认为，在求助于此位伟大哲学家对这一主题思考的同时，我还应该加入自己的思考，在与我所讨论的主题相符的情景下，进一步探讨他所提到的那些困难。

我们遇到的第一个困难就是：要知道人类对语言的创造是如何变得迫不及待的。因为在人类相互间没有任何联系，而且也没

---

〔1〕18 世纪法国哲学的重要代表人物之一。毕业于巴黎索邦神学院，在巴黎期间，结识了狄德罗等启蒙思想家，并为《百科全书》撰稿，积极参加了启蒙运动。此处参照孔狄亚克所著《语法学》，第一部分，第二章。

有任何必要进行联系的情况下，语言并不是不可或缺的，这使我们无法想象这一创造的必要性及可能性。我会像大多数人那样，认为语言起源于家庭中父亲、母亲或孩子之间的交流。

但是，这一观点不仅不能解决任何问题，而且还犯下了与那些探讨自然状态的人所犯的同样的错误。他们误将社会中既成的观念掺杂到这一原始状态中，而且认为家庭一开始就聚集在一个固定的居所，家庭成员之间一开始就像我们现代人一样，围绕着一些共同利益建立起了紧密而又稳定的关系。而在原始状态下，人类既没有固定居所，也没有简陋小屋，更没有任何形式的财产，每个人都是走到哪里，睡到哪里，而且往往只会待一个晚上。男性和女性之间的交配也是非常偶然的：他们不期而遇，恰逢时机成熟，在欲望的驱使下进行交配。在整个过程中，语言并不是他们交流的必要媒介。之后，他们便分道扬镳，这一过程也非常简单[12]。一开始，母亲之所以喂养孩子，完全是出于自身的需求。接着，习惯使孩子在母亲心中变得珍贵，母亲便开始从孩子的需求出发进行喂食。一旦孩子有能力自行觅食后，他们便会不假思索地离开母亲身边。但是，在那个时候，母亲与孩子不分散的唯一途径就是保证孩子不要消失在母亲的视野里。因此，孩子一旦离母亲而去，他们就几乎再也不可能重逢了。过不了多久，他们便无法再认出对方。

我们还需要注意到的是，孩子有进行解释的需求，因此他们想要对母亲讲的话远远多于母亲需要对他们讲的话。这样一来，孩子应该算得上语言发明的生力军，而且他所使用的语言应该大部分出于自己的创造。这样就导致了有多少人讲话就有多少种语言存在的情况，而居无定所的生活方式则加剧了语言的分散，使得没有任何一种方言能够持续存在。如果我们说，是母亲教会孩子那些他在提问时需要用到的词语，这能很好地描绘出人们如何教授一门已经成形的语言，却无法解释这些语言本身是如何形成的。

假设第一个困难已经被克服，让我们暂且搁置横亘在纯粹自然状态与语言需求之间的鸿沟，假定语言对于人类是必不可少的[13]，那么接下来需要探讨的就是语言是如何形成的。

我们会发现，这一困难比前一个困难更加艰巨，因为如果说人类需要语言来学会思考，那么他们更需要知道如何思考来发现语言这门艺术。而且，纵然我们能够理解声音的回响是如何被用作交换我们观念的约定工具的，我们仍然需要进一步探讨，当初对于那些不以感性实体为载体，因而既不能通过手势，也不能通过声音表达出来的观念，又将约定以什么样的工具来传播呢？

事实上，我们几乎无法作出任何合理的猜想，来试图阐释思想交流与精神交流这门艺术的源头。语言这门崇高的艺术距离它的起源已经那么地遥远，但是哲学家们却还在一个离其完善化如此不可思议的距离上来研究它，从而使得没有任何一个人足够大胆，能够断言这门艺术终究会达到它完善化的境界——纵使时间长河必然带来的革命站在语言艺术这边，纵使学者们能够摒弃他们的一切偏见或者让这些偏见保持沉默，纵使学术界能够在连续的几个世纪内毫不间断地处理这一棘手的问题，恐怕也没有人敢做这样的断言。

人类的第一门语言就是自然的喊叫，这也是在其需要说服其他群居人类之前最普遍、最有力以及唯一需要的语言。由于这种喊叫只会在紧急情况下出自本能地发出，因此它只能让人们在面临巨大危险时请求帮助，或者在忍受剧烈疼痛时乞求舒缓。

但是，在日常生活中，人们的情绪往往处于较为节制的状态，因而这门语言就派不上太大用场了。随着人类理念的不断扩展与增加，人与人之间的联系也越来越紧密，因而，他们需要找到更多的符号和一门更加广泛的语言——他们增加了声音的抑扬，然后再加上了对手势的运用。要知道，手势从本质上就具有更强的表现力，而且其表达的含义也不大需要预先规定。因此，他们便运用手势来表达可以看见的和可以移动的东西，用模拟的声音来表示那些听得见的东西。

但是，手势只能表达那些在场的或者描述起来比较简单的事物，以及那些可视的动作，这就导致人们对手势的运用并不普遍，因为黑暗的降临或者中间有什么东西的阻隔都会让它失效，况且对手势的使用还要求引起对方的注意。

最终，人们决定设法用声音的音节来代替对手势的使用。由于不同的声音与不同的概念相关联，它们就像指定符号（signes institués）那样，可以更好地表现各种概念。但是，这一代替是建立在达成全体共识的基础之上的，替换的方式对于那些从未练习过他们粗糙器官的人类而言有一定的困难，而反过来思考这一方式本身对于他们而言就显得更加困难了，因为达成全体共识是需要被号召的，而且为形成对一门语言的使用，语言本身似乎也是至关重要的。

我们会看到，人们最初使用的词汇，比语言已经形成后人们所使用的词汇，在他们脑海中的意义要广泛得多。与此同时，出于对句子组成成分的忽略，它们一开始赋予每一个单词整个句子的意思。当他们开始区分主语与表语、动词与名词时，那已经是非凡的努力了。名词一开始只包括专有名词，而不定式则是动词的唯一时态。至于形容词，其概念的发展必定经过了很大的困难，因为所有形容词都是抽象的词语，而抽象化则是一个艰巨的、非自然的过程。

每一个物体首先得到一个区别于其他物体的名称，至于它的属性和种类，最初的命名者并没有进行区分。

这样一来，所有的个体都孤立地依照它在自然景象中的样子反映在他们的头脑中。如果一棵橡树被命名为 A，而另一棵橡树被命名为 B，这是因为人们从两个事物出发获得的第一个概念，就是它们并不是同一的，而观察到它们的共同点通常需要很长的时间。

因此，人们的知识越是有限，他们所使用的词汇就越庞杂。意识到这种命名法所带来的困境绝非易事，因为在能够使用共同的、同属的名称来定义所有生物之前，我们必须了解它们的属性和差异，必须大量观察，然后做出定义，即需要比那个时代的人所能掌握的远为丰富的关于自然史和形而上学的知识[1]。

此外，一般概念（idées générales）只有借助于词汇才能够进入我们的脑海，而这些词汇又只有借助于句子才能够被理解。这就是动物之所以无法形成类似的概念，也永远无法得到依存于这些概念的完善化能力的原因之一。

当一只猴子毫不犹豫地放下一颗坚果，而走向另外一颗坚果时，难道我们会认为它具有对这类水果的一般概念，可以将其理想的范型与这两个个体进行对比吗？当然不会！但是，当它看见其中一颗坚果时，这颗坚果唤起了它对另一颗坚果的感觉。接着，它的视线会以某种方式进行改变，然后将这一改变的信号传递给味觉。所有一般概念都是纯精神的，但是一旦想象介入其中，这个概念就立即变得具体了。

当你试着描绘一般概念的树的形象时，你会发现你根本永远无法做到：无论你愿意与否，你得知道这棵树是高是矮，是光秃秃的还是枝繁叶茂，是浅色的还是深色的，你还必须判断你所看

---

[1] 孔狄亚克在其《语法学》第九章中提出了与这一观点相反的结论。

到的特征是否为一般概念的树所拥有。这样一来，你所描绘出来的形象将不再是树的模样。纯抽象的存在亦是如此，它只能通过言辞（discours）进行表达。

三角形的定义便可以给予你关于三角形的真实概念：当你在脑海里想象出一个三角形时，如果你希望这是一个特定的三角形，而不是另外一个三角形时，你将不可避免地需要对这个三角形的三边或是面进行描述。而要进行描述，你就必须发出句子。因此，要想形成一般概念，我们必须言语（parler），因为一旦想象中止，精神只有借助于言辞才能继续前行。

因此，如果语言的最初创造者只为他们已经掌握的概念进行命名，那么最初的名词必然只会是一些专有名词。

但是，当最初的语法学家们用我所无法想象的方式，开始扩充这些词汇的概念，并推广这些词汇的用法时，这种方法的应用必然会因为创始者们的无知而受到极大的限制。

一开始，由于他们对属性和种类缺乏了解，所以给予个体太多的名称，而随后又由于无法考虑到这些物种的所有差异，从而导致划分的属性和种类又太少。为使划分变得更加精细，他们还需要更多的经验和智慧，而这些他们暂时还没有；他们还需要进行更多的研究和工作，而这些他们现在做得还不够。然而，想象一下，即使到了今天，我们每天仍然能够发现一些被我们的观察所忽略的新物种，那么可想而知，对于那些只根据对事物的第一印象进行判断的人们，有多少物种会被他们忽略啊！而那些最基

本的分类和最普遍的概念也将毫无疑问地被他们忽略。比如对于
"物质"、"精神"、"本质"、"语式"（mode）、"修辞"（figure）、
"动作"（mouvement）等词汇，就连那些长久使用这些词汇的哲
学家理解起来都比较吃力，而且他们附加在这些词汇上的概念又
是纯粹形而上的，在自然界根本找不到任何范型，因此，那些人
无法想象或者理解这些词汇也就不足为奇了。

　　我先就此止步，并请求诸位评判员停止你们的阅读，仅从物
质名词的创造，即语言中最容易发现的部分出发，来考虑接下来
要继续走的路。

　　我请求你们思考，为找到一种能够表达人类所有的思想，
能够形成一个持久的形态，以在大众中流传，并对社会产生影
响的语言，还有多少路要走！我也请求你们考虑，为逐渐找到数
字[14]、抽象名词、不定过去时以及动词的所有时态、词缀、连
接不同分句的句法以及组成语言所有逻辑的推理，曾经需要多
么漫长的时间和丰富的知识！对于我而言，由于我惧怕摆在面
前的重重困难，而且我坚信语言的产生和形成不可能完全通过
人类的途径，因此，我将这一棘手的问题留给那些想要讨论这
一问题的有识之士，让他们去探讨这一重要的论题：已经建立
联系的社会对于语言的形成，或者语言的发明对于社会的建立，
这两者，哪一个是更加必需的呢？

　　无论语言和社会的起源为何，我们至少可以注意到，自然

并没有通过人类相互间的需求来拉近他们彼此的距离，也并没有使他们对语言的使用变得容易。

从这一点出发我们可以得出，自然为人类准备的社会性特征是多么地少，而在人们为建立彼此联系所做的一切努力中，自然对人类的帮助又是多么地微不足道啊！事实上，当人类处于这一原始状态时，如果说一个人需要另一个人，比一只猴子或一匹狼需要另一只猴子或另一匹狼来得更为迫切，那是不可想象的事情；就算假设这个人有那样的需求，人们也无法想象另一个人是出于什么动机愿意对这一需求做出回应的；再者，就算假设他愿意给出回应，人们也无法想象他们之间是如何约定条件的。

我知道人们不断地重复着这样的论断，认为没有任何一个状态下的人类比处于这一状态的人类更加悲惨了。假如，像我认为已经证明了的那样，人类确实是在多个世纪后才有摆脱这一状态的愿望和机会，那我们就应当以此来控诉自然，而不应该以此来控诉自然造就的这样的人类。然而，如果我对"悲惨"一词的理解是正确的，我会说，这是一个没有任何意义的词，或者是一个只能表达一种失去的痛苦和身体或者灵魂的苦难的词。但是，我希望有人可以向我解释一下，一个内心平静、身体健康的自由人还能遭遇何种苦难？我想知道，在公民生活和自由生活中，哪一种生活更会使享受这一生活的人们难以忍受？在我们周围，我们几乎只能看到那些抱怨自己生存状态的人们，更有甚者，伤心欲绝，想要放弃自己的生命。就连那充满神意的法律与人类的法律的结合也无法阻止这一骚乱的发生。我还想知道，人们可曾听说一个自由的野蛮人动过抱怨生活的念头，并企图轻生？

因此，让我们暂且放下傲慢，去评判究竟哪一种状态才是真正的苦难吧！相反地，我认为没有任何东西比被理性冲昏头脑，被情欲百般折磨，为寻找另一个状态而苦思冥想的野蛮人更加悲惨的了。

这也可以说是出于神意的一种极为明智的措施：野蛮人所有的潜在能力只能随着运用这些能力的机会而发展，以便这些能力既不至于因为过早发展而成为多余的负担，也不至于因为过迟发展而于必要时无济于事。野蛮人在本能中便拥有了在自然状态下生存所需要的一切；但只在逐渐发展起来的理性中，才拥有在社会中生存所必需的东西。

似乎一开始，处于这一状态下的人类相互间并不存在任何形式的道德关系，也不存在任何的共同义务。因此，在这些人类中间，既没有好与坏之分，也没有所谓的罪恶与美德的对立；除非我们从生理意义上来理解这些词，将那些会危害到个体自我保存的品质称为"罪恶"，而将那些能够促进这种自我保存的品质称为"美德"。

如此说来，我们应该将那些最不能抵制大自然简单驱使的人视作最为道德的人。但是，如果我们从普遍含义出发来理解这些词，我们就得中止对这种状态的可能判断，放下所有偏见，然后不偏不倚地去考察：文明人的美德是否多于他们的罪恶？或者他们的美德所带来的好处是否比他们的罪恶所带来的坏处多？或者当他们逐渐学会应该掌握的善之后，他们知识的增长是否足以弥补人类相互间造成的伤害？又或者，总体说来，既不需要担心人作恶，又不用从他人身上期待善的处境，较之处于一个普遍依附的地位，被迫接受所有义务，而提出义务的人却并不承诺给予他们任何东西的处境，是否更为幸福呢？

尤其地，我们不能像霍布斯那样，得出"人性本恶"的结论。他认为，人类没有任何善的观念，而人类之所以邪恶，是因为他不明白道德为何物，之所以拒绝给予同类任何帮助，是因为他认为这不是他的义务。我们也不能像霍布斯那样，认为人类用理性将自己所需之物归为己有，将之变成自己的权利，然后再以这一权利为依据，疯狂地想象着成为整个宇宙的主人。

霍布斯虽然很好地洞悉了所有有关自然法的现代定义的缺陷，但是，他从自己给出的定义中所推出的那些结论足够表明，他对这一定义的理解同样错误。在他论述自己建立的准则的过程中，他本应提出：由于自然状态是每一个人对自我保存的关心最不妨害他人的自我保存的一种形式，因此这种状态应该最能保持和平，对于人类也是最适合的。然而，他却得出了截然相反的结论。他把人类满足各种情欲的需求不合时宜地掺杂到了人类对自我保存的关心之中。要知道，这些情欲都是社会的产物，而且正是这些情欲的诞生使得法律变得不可或缺。

霍布斯说，恶人就是一个强壮的婴儿，而我们需要进一步了解的是，野蛮人是不是一个强壮的婴儿。如果我们承认野蛮人是一个强壮的婴儿，又会得出什么结论呢？假如这个人，当他强壮的时候，也像他软弱的时候那样，需要依赖他人，那么就没有什么蛮横的事情是他做不出来的了：当喂奶延迟时，他会出手攻击自己的母亲；当他的弟兄令他厌烦时，他会想要将他掐死；当被他人撞到或者打扰时，他会去撕咬别人的腿。但是，在自然状态下，让一个人既强壮又依赖他人根本就是两个自相矛盾的假设：当人类依赖他人时，他应该是柔弱的；而在他变得强壮前，则应该是自由的。霍布斯没有明白，那些法学家所称的阻止野蛮人使用理性的原因，恰恰也正是他自己所主张的阻止野蛮人滥用他们自己能力的原因。

因此，我们可以说，野蛮人之所以并不是恶人，是因为他们并不知道善为何物，而阻止他们"作恶"的，既不是理性的发展，也不是法律的约束，而是情欲的平复和对恶的无知："这些人因为对恶的无知而得到的好处比那些人对善的感知所得到的坏处还要大些"〔1〕。此外，还有另外一个原理是被霍布斯所完全忽略的：由于人类看到同类受苦时，天生就会产生一种反

〔1〕优斯坦，《通史简编》，第二卷，第二章，第15节。

感情绪，从而使他为自己谋求舒适生活的热情受到限制。这一来自人类天性的原理，使人类在某些情形下，能够缓和强烈的**自尊心**（amour-propre），或者在这一自尊心诞生前[15]，能够减轻对自我保存的强烈欲望。

我认为，给予人类这种唯一的自然美德不会招致任何非难，因为就连那些最厌恶人类道德的诽谤者也不得不承认这种美德的存在。我这里所说的自然道德就是：**怜悯心**。

对于像我们这样软弱并易于受到如此多苦难折磨的人而言，这确实是一种非常适合的秉性，而且也是人类最普遍、最有益的一种美德，因为它先于思考而存在，而且是那么地自然，就连兽类有时都会发出些许同情的信号。且不提母亲对孩子的慈爱，也不提她们在保护孩子时对自身安危的忽视，我们每天都能观察到马儿踏过活生生的躯体时所表现出来的抗拒情绪；没有一个动物会无动于衷地走过同类的尸体；有的动物甚至还会为它们死去的同伴举行某种仪式的葬礼；而即将被屠杀的动物发出的凄惨的叫声则向人们诉说着它正在经历的恐怖遭遇。

我们非常欣然地看到，书写《蜜蜂的寓言》一书的作者[1]在不得不承认人类是一个富有同情心的、感性的存在之后，终

---

[1] 曼德维尔 Mandeville，哲学家，英国古典经济学家，卒于 1733 年。《蜜蜂的寓言》于 1723 在伦敦用英语发表。法语版本于 1740 年发行，共四卷。在这部作品中，曼德维尔想要说明个人的奢侈和邪恶会转变成对社会的好处和优势。

于从他那冷峻、含蓄的笔调中走了出来，他所举的例子，向我们呈现出了一个动人的场景。那是一个被囚禁的人类的形象，他眼睁睁地看着外面一头凶狠的畜生从母亲怀里夺走正在哺乳的孩子，用它那致命的獠牙撕裂孩子的四肢，用它的爪子撕扯孩子仍在跳动着的心脏。有哪一个亲眼目睹这般场面的人心里不会产生可怕的骚动，即使这与他个人毫不相关？当眼见这一悲剧发生，却对已然晕厥的母亲和奄奄一息的孩子爱莫能助时，有哪一个人心里不会产生极端的不安？

这便是先于一切思考而存在的纯粹的大自然的感动；这便是尚未被最败坏的道德摧毁的自然怜悯心的力量。在剧院中，我们每天都能看到那些同情剧中不幸者的遭遇，为他们伤心落泪的人们。但是一旦这些人自己登上统治者地位，他们却又会变本加厉地折磨自己的敌人。正如那嗜血成性的苏拉 *Sylla*[1]，即使对不是由他自己造成的痛苦，也会感到非常伤感；又如菲尔王亚历山大，他不敢去看任何悲剧的演出，只因为害怕人们会看见他与昂多马克 *Andromaque* 和普里亚莫 *Priam* 一同叹息，但当他听到每天因执行他的命令而被处死的那么多人的哀号时，却表现得无动于衷。

　　"自然既然给予人类眼泪，

[1] 古罗马统帅，政治家，独裁者。

那就表示，

它曾给予人类一颗最仁慈的心。"[1]

曼德维尔 *Mandeville*[2] 早已独具慧眼地指出，即使人类拥有各样的道德，但是如果大自然不给予他们怜悯心以作为理性的支柱，那么他们不过是一群魔鬼。但是，曼德维尔没有看到，人们能够具有的而被他所否认的一切社会美德正是从怜悯心这种品质中产生出来的。事实上，如果没有给予弱者、有罪之人或者整个人类的怜悯，慷慨、宽容和人道指的又是什么呢？

严格说来，就连仁慈和友善都是怜悯的产物，只不过这是针对某一特定之物的持久、固定的怜悯之情。这是因为，希望某个人不受痛苦折磨，不就是希望他过得快乐吗？如果怜悯心确实只是让我们与受苦之人感同身受，那么这一观念除了能够给予我之前所揭示的真理更多力量之外，还有什么其他重要性吗？这种感同身受的感觉在野蛮人那里是隐秘而又强烈的，而在文明人那里虽然发达，却是羸弱的。

事实上，如果让一个旁观动物发自内心地将自己等同于另一个受苦的动物，那么怜悯的力量将会更加强大。但是，显而

〔1〕《尤维纳尔诗集》（XV, V. 131）参见该诗集 M. V. 布班译文版（国家图书馆第七十二卷）。
〔2〕哲学家，英国古典经济学家。他认为，如果从道德的角度看，受自利驱策的商业社会是应该受到谴责的，但如果想以公共精神为基础建立起一种充满美德的繁荣社会，那纯粹是"浪漫的奇想"。这就是著名的"曼德维尔悖论"。

易见的是，处于自然状态下的人类比处于理性状态下的人类的这种等同感要深切得多。正是理性催生了"自尊心"，而思考则使它变得强大；也正是理性使人类回到自身，同时让他们摆脱所有束缚与折磨。

而摆脱这一切的方式就是：哲学。

正是通过理性，"自尊心"可以悄悄地告诉受苦受难的人们："你要死就死吧，反正我是安全的。"这样一来，只有整个人类社会的危险才会打扰到哲学家的清梦，然后将他们从睡梦中拽入现实。

人们可以在光天化日之下屠杀自己的同类，而不用受到任何的惩罚；他们只需要用手捂住耳朵，然后简单地自我辩护一番，以阻止大自然强迫他们与被害人感同身受。野蛮人却并没有这种"令人钦羡"的天赋：由于智慧和理性的缺乏，我们总是看见他们轻率地将自己托付给最初的"人道主义"情怀。当发生暴动或是街头争吵时，贱民会聚集起来，而谨慎的人则会敬而远之：这个时候，将那些厮打在一起的人们分开，阻止那些所谓的正义之士[1]互相残杀的，却恰恰是那些下等人和市

---

〔1〕 卢梭在其《忏悔录》第八卷中说道，这个堵住自己的耳朵为自己辩护的哲学家形象正是狄德罗。他借此机会向狄德罗提出控诉，认为他"过度自信地为其作品赋予了沉重的笔调和阴暗的氛围"。通过这一正式的宣言，卢梭指出狄德罗应该至少在很大程度上将这一冗长、知名的抨击对准社会及其所导致的所有罪恶。这也是以下这本摘要的主要观点：《摘要》，安费维尔出版社，第四部分，第183页，巴黎，1839，共八卷，12开本压缩版。

井妇女。

因此，可以确定的是，怜悯心是一种自然的情感，它可以通过克制个体的"自爱"来促进整个物种的相互保存。正是在怜悯心的驱使下，我们毫不犹豫地去帮助那些我们所见到的受苦的人。

同时，在自然状态下，正是这一怜悯心代替了所有的法律、风俗和道德，因为没有任何一个人会尝试违背它温柔的召唤：正是有了怜悯心，强壮的野蛮人只要能够在别处觅得食物，就绝不会剥夺一个柔弱的小孩或者一个年迈的残疾人本就脆弱的生命；理性正义的崇高准则是"像你希望别人如何对待你那样去对待别人"，而怜悯心却让整个人类遵循另一个天生善良的准则："在尽可能不损害他人利益的前提下追求自己的幸福。"这一准则可能不如前者那么完备，但是却更加实用。

总之，为寻找任何一个人在作恶时，即使这个人对教育的格言一无所知，也会感到内疚的原因，我们与其求助于那些巧妙的推论，不如求助于这种自然情感。尽管人类可以附和苏格拉底以及那些追随他的智者，认为可以通过理性来获取道德，但是如果人类的自我保存仅仅依赖于人们的推论，那么人类也许早就不复存在了。

野蛮人的情欲是那样地匮乏，同时又受到怜悯心如此有益的约束，所以与其说他们是邪恶的，不如说他们是野性的。他们所在意的是，如何从可能遭遇的不幸中逃离出来，而不是如何将这一不幸转嫁到他人身上。他们不会陷入异常危险的争论之中：由于他们之间不存在任何形式的交流，因而，他们既不明白虚荣为何物，也不明白敬意是什么，既不明白重视为何物，也不明白蔑视是什么。他们没有任何你我之分的概念，也没有任何真正意义上的正义观念。他们将自己可能遭受的暴力看作易于弥补的损害，而不是一种应该得到惩罚的侮辱。他们甚至连报复的念头都不曾有过，除非是不由自主的、即时的反应，就像狗咬人们向它扔过去的石头那样。

因此，如果他们之间的争吵没有涉及食物这一敏感话题（我知道还有另外一个更加危险的话题，后面将会有所提及），那么这一争吵很少会引起血腥的后果。

在所有扰乱人类心灵的情欲中，有一种异常炽热、狂热的情欲，这种情欲使异性成为人类的必需品，使他们敢于冒天下之险，去跨越所有的障碍。当它达到疯狂程度的时候，仿佛足以毁灭人类，而它担负的天然使命本是保存人类。这些深受无节制的、猛烈的欲望之苦的人类，他们没有任何节操，也没有任何克制，每日为争夺配偶而不惜流血牺牲，他们的命运究竟何去何从呢？

首先，我们必须承认的是：情欲越是猛烈，用于克制它的法律就越是不可或缺。但是，我们每天仍然能够看到很多由情欲引发的骚乱和罪行。对于这一现象，我们除了可以得出用于压制这些情欲的法律存在不足的结论外，还可以进一步探讨这些骚乱是否是伴随着法律本身一起产生的。因为，在这种情形下，即使法律能够成功压制那些情欲，但是，如果我们要求法律制止的对象，是没有法律根本就不会存在的祸害，那么这一要求就未免显得太过没有意义了。

让我们从区分"爱"这种感情的精神层面与生理层面开始。生理层面指的是人人想要与异性结合的普遍欲望；而精神层面的爱则把这种欲望确定起来，并锁定欲望的唯一目标，或者至少使对这一优先目标的欲望更加强烈。

因此，我们可以轻易地发现，精神层面的爱不过是由社会习惯产生出来的一种人为的情感。妇女们对它尽情吹捧，以便建立她们的权威，让本应服从的女性占据统治地位。这一情感建立在才德或者美丽这类的概念和种种的比较上，而野蛮人对这些概念全然不知，也绝对不会做出类似的比较。因此，这一情感对于他们而言应该几乎没有任何意义。因为在野蛮人的思想里，不会构成匀称和协调等抽象概念，因此在他心里也不会有什么欣赏和爱慕的情感；要知道，这些情感尽管不易察觉，但总是来源于对这些观念的实践的。野蛮人只会听从自己从大自然获得的禀性，而不会跟随他尚未获得的喜好；因此对他而言，所有异性都是同样适合的。

野蛮人的爱局限在其生理层面，他们因为远离那些对爱情对象的偏好而快乐地生活着。这些偏好只会激起人们对爱情的感知，从而加大获得爱情的难度。那时候的人类很少发脾气，即使发脾气也没有那么激烈，因此，在他们中间很少出现争吵，即使偶有出现，那也要温和得多。在我们中间无休止地折磨着我们的那种观念，是不会侵袭到野蛮人的心灵的。他们每个人只是平静地等待着大自然的召唤，然后便无条件地投入其中，这期间惬意多过狂热。一旦需求得到满足，所有欲望之火便随之熄灭。

因此，毋庸置疑，爱情和所有其他情欲一样，只有进入社会后才会激起如此狂热的欲望，从而时常让人类陷入危险的境地。此外，如果我们认为野蛮人为满足兽性而不断自相残杀，那是很荒谬的，因为这种想法直接与经验相悖：比如加勒比人——现存种族中最为接近自然状态的人类，尽管他们生活在一个炎热的国度，按气候对他们的影响来说，他们的情欲应该是非常强烈的，然而他们却刚好在爱情中表现得最为平静、最不受嫉妒之苦。

在许多动物物种中，由于雄性争夺雌性而发生的斗争，往往使我们的牲畜棚染上斑斑血迹，或者在春天的树林里因吵闹的叫声而发出种种的回响；关于从这些现象中所能做出的那些推论，我们首先必须排除所有这些种类的动物，在这些动物中，大自然显然赋予了它们雌雄之间不同于人类的两性能力的对比关系。因此，我们不能从雄鸡之间的搏斗中做出适合人类的推论。

在那些雄雌数量比例较为明显的物种中，这些搏斗只可能是因为雌性数量相对雄性数量的稀缺或者雌性拒绝雄性靠近的排斥期，而后者又可以回归到前者，因为：如果每个雌性动物在一年中只有两个月愿意接近雄性动物，那么这就相当于雌性动物的数量减少了六分之五。

然而，这两种情况都不适用于人类，因为在一般情况下，女性的人数都是超过男性人数的，而且即便是在野蛮人中，我们也从未发现过人类像其他动物物种那样存在发情期和排斥期。此外，在这些动物中，有好几个物种都是集体进入兴奋期，这样便会出现一个充满欲望、骚乱、无序和搏斗的恐怖时期。但是，这一时期永远不可能出现在人类中，因为人类的情欲并不是周期性的。

因此，我们不能从一些动物为争夺雌性动物而搏斗的事实出发，得出所有处于自然状态下的人类亦是如此的结论。但是，无论如何，我们仍然可以得出这样的结论：由于这些搏斗并不会摧毁其他物种，因此，我们至少应该相信这些搏斗也不会将我们置于死地，而且很明显，这些搏斗在自然状态下所产生的破坏作用要小于其在社会中所起到的负面作用，尤其是在那些道德比较盛行的国度，情人的嫉妒和元配的复仇使得每天都在上演着决斗、谋杀以及其他更加惨烈的剧情；在那里，一生忠贞的义务只会助长通奸的气焰，而禁欲和荣誉的法律则必然导致荒淫的蔓延和流产的肆虐。

我们可以得出这样的结论：游荡在浩瀚森林里的野蛮人，没有工业，没有语言，没有住所，没有战争，彼此间也没有任何联系。他对同类没有任何需求，同时也没有任何伤害他们的欲望，而且可能一辈子不会单独认识任何一个其他同类。他不为情欲所牵绊，自给自足，只拥有这一状态下应有的情感与智慧。他只会感受到自己真正的需求，目光只会聚焦到他感兴趣的事物上面，而且他的智慧并不比他的幻想有更多的发展。就算偶然发现些什么，他也无法将这一发现分享给他人，因为他连自己的孩子都无法分辨。艺术便随着其发现者一起走向死亡。那里既没有教育也没有进步，野蛮人一代又一代徒劳地繁衍着；每个人都从相同的起点出发，一个又一个世纪在初始阶段的粗野中静静地流过，人类这一物种已老，可人始终还是幼稚。

我之所以在这里长篇大论地论述有关这一原始条件的假设，是因为尚且存在着一些陈旧的错误和根深蒂固的偏见需要我们去打破。因此，我认为我们必须挖掘到这一问题的根源，展示出在真正的自然状态下，即便是自然的不平等，也远不如近代学者们所声称的那样真实和影响深远。

事实上，我们很容易发现，在所有那些将人类区分开来的差异中，有很多被认为是源于自然的差异，其实这些差异却只是人类在社会中不同的习惯和生活方式的产物。因此，一个人脾气是暴躁还是温柔，体魄是强壮还是柔弱，更应该取决于他被抚养长大的方式是严厉还是阴柔，而不应该归结于其身体的自身构造。精神的力量亦是如此：教育不仅使得受教育的人与未受教育的人之间产生差异，而且也使那些受教育的人在文化程度方面产生差异。要知道：当巨人与矮人同时行走在一条道路上时，他们每多走一步，巨人相对矮人的优势就越大。然而，在文明状态下，对不同等级起决定作用的是教育和生活方式的惊人差异。而动物和野蛮人的生活却简单而又统一：他们以相同的食物为食，以相同的方式生活着，每日做着完全相同的事情。当我们将两种生活方式进行对比时，我们会发现人与人之间的差异更应该源自社会，而不是自然状态，而自然的不平等在人类中的扩大则更应该归咎于制度的不平等。

但是，既然大自然如人们所声称的那样，在进行天赋分配时表现出如此多的偏好，那么野蛮人在相互间没有任何联系的情况下，又能够获得何种强于他者的最有利的优势呢？在这一状态下，既然爱情不存在，那么"美丽"又有何用？既然人们一言不发，那么精神又有何用？既然他们不互通交易，那么狡猾又有何用？

我总是听其他人不断地重复着强者压迫弱者的论调，但是他们得先解释清楚"压迫"指什么。有些人将通过暴力进行统治，而其他人则将服从这些人所有任性的举动，在他们的统治下痛苦地呻吟——这正是我从现代人那里所观察到的现象，但是我很难想象这样的情景如何会被描述成野蛮人的生活写照，因为人们甚至很难让他们明白何为统治与奴役。一个人可以从另一个人手中抢夺他采摘的果子、捕获的猎物或者用作房屋的巢穴；但是，人类最后是怎样让自己屈服于他人的呢？对于一无所有的人类而言，他们的关系链究竟是如何形成的呢？如果我从一棵树上被赶走，我完全可以再去寻找另一棵树；如果在某个地方有人使我痛苦，有谁会阻止我到别处去呢？是否真的存在着一个力量比我强大得多，并且道德足够败坏、性格足够懒惰和残忍的人，在他自己游手好闲的时候，却强迫我为他提供食物？要是这样，他得一刻不停地盯着我，就算睡觉时也不能有一丝松懈，将我捆绑好，否则我便会逃跑或者将他杀害；也就是说，他被迫主动地陷入了无尽的痛苦之中，这一痛苦比他想要避免的痛苦或是他让我们遭受的痛苦都要大得多。在这一切之后，他的警惕心还能有一刻的放松吗？任何一个突如其来的声音难道不会让他头疼不已吗？我只要朝着森林走出二十步，束缚我的铁链就会被挣断，我便从此消失在他的生活之中。

我们无需再徒劳地延伸这些细节了，每个人都应该看到：只有当人类相互间产生依赖，并且相互间的需求将他们联系起来后，**奴役关系**才会形成。一个人在被奴化前，必定经过了依赖他人的经历。然而，这一情况在自然状态下并不存在，那时的人类远离压迫之苦，使弱肉强食的规律全无施展之地。

在证明了不平等在自然状态下几乎无法被感知，因而几乎不会对这一状态产生任何影响之后，我接下来需要做的就是找到在人类精神持续发展进程中不平等的根源及其发展。同时，我已经指明"完善化能力"、社会美德及自然人优先获得的其他各种潜在能力绝不可能依靠自身发展，而必须借助于多个神秘的原因。这些原因来源于一些可能永远不会发生的巧合。没有这些巧合，人类将可能永远处于原始状态。接下来，我需要做的就是考虑和对照这些得以使人类理性得到完善的巧合。这些巧合腐蚀了人类，在将人类社会化的同时让他们败坏，然后将人类和世界从一个如此遥远的时代一步一步变成今天的样子。

我承认我将要描述的事件可能会以不同的方式发生，我只能通过一些推测来做出选择。但是，这些推测，当它们是从事物本质中所能做出的最接近事实的猜测时，当它们是我们得以发现真理的唯一方式时，便成功地转换成推理的依据。此外，我从自己的推测中得出的结论，也不会因此便成为猜测性结论，因为根据我刚才所给出的原理，人们不可能创立其他任何学说，可以向我提供相同的结果，使我从中得出相同的结论。

这样，我便不用绞尽脑汁地去思考如何用时间间隔去弥补事件的真实性，也不用去考虑不断运作的微不足道的原因具有的惊人力量。

我不用考虑如果一方面我们无法为事件提供确定性，那么另一方面我们便无法摧毁某些假设的事实。我也不用去探讨这样的问题：如果两个事件之间确实是由一系列中间事件相连，那么当我们要探讨这两个事件时，历史就需要提供将两者连接的中间事件；而当历史无法提供这些中间事件时，我们就得依靠哲学，来决定那些可以让两者产生联系的类似事件；最后，有关事故方面，事件之间的相似性将这些事件划分出不同的种类，这一分类的数量少得令人难以想象。我只需要将这些问题抛给评判员们去研究，而我要做的，就是让广大读者可以不用去考虑这些问题就够了。

第二部分

谁第一个将一块土地圈起来，并毫无顾忌地说"这是我的"，然后找到一些足够天真的人对此信以为真，谁就是文明社会真正的创始人[1]。如果这时，有人一边拔去木桩或填满沟壑，一边对同类呼喊道："别相信这个骗子！如果你们忘了水果是大家的，土地不为任何人所有的事实，那么你们就已经迷失了。"这个人该会使人类免去多少罪行、战争和谋杀，免去多少灾难和恐惧啊！但是，从表象看来，似乎在那个时候，一切已成定局，一切事物已经发展到无法继续维持它最初状态的地步。要知道，这个有关私有的概念，并不是人类智慧的灵光一现，它的出现

---

〔1〕"这条狗是我的，"这些可怜的孩子说道，"这是我晒太阳的地方。"这便是窃取土地的开端和最初表现。——节选自帕斯卡尔的《沉思录》，第一部分，第83页。

取决于多个在此之前陆续出现的其他概念。人类在抵达自然状态的终点前，必须已经取得巨大的进步，获得许多的技能和知识，并将这些知识代代相传、不断积累。因此，我们不得不追溯到更加遥远的年代，竭力尝试按照最自然的顺序，将那些缓慢递变的事件和陆续获得的知识综合到同一个观点里面。

人类的第一个感知便是他的存在，而第一个担忧的问题就是他的自我保存。大地的产物为他提供了所有必需的物品，而人类则在本能的驱使下使用着这些大自然的馈赠。饥饿和其他欲望让他依次经历了不同的生存方式，而其中有一种方式可以保证人类的永久延续；而这种繁衍种类的盲目倾向，由于缺乏任何内心的情感，只会使他们产生一种纯动物的行为。一旦需求被满足，两个异性便形同陌路，就连孩子也是一旦能够离开母亲后，便与母亲不再有任何关联。

这就是人类最初的境况；这就是一开始受限于纯粹感觉的动物的生活写照，它们几乎无法利用大自然赋予他们的馈赠，也绝对想不到向大自然有所索取。但是，不久后困难从天而降，他必须学会克服这些困难。树木的高度让他对树上的果子可望而不可及；寻找食物的野兽和他争夺食物；还有一些凶猛的野兽甚至要伤害他的性命。所有这一切都迫使他不断地锻炼身体。他必须让自己奔跑得更加敏捷、快速，在搏斗时表现得更加勇猛。很快地，他手中拿起了来自大自然的武器：树枝和石头。他开始学着克服大自然的障碍，在需要时与其他动物进行生死搏斗，同时在同类之间争取自己的生存，或者为他必须让给强者的东西找到补偿。

随着人类的繁衍，人们所忍受的痛苦随着人类数量的增加而不断增长。土壤、气候和季节的不同迫使他们采用不同的生活方式。不好的年份、漫长而又严峻的冬日以及能够燃烧一切的炎炎夏日都要求他们掌握一门新的技能。位于大海或河流沿岸的人们发明了钓鱼线和钓鱼竿，然后成了渔民，而鱼则成了他们的主要食物；位于森林里的人们则为自己制作了弓和箭，然后成了猎人和武士。在寒冷的国家，他们身上裹着从猎物身上获得的毛皮。接着，闪电、火山或者某个幸运的巧合使他们认识了火，然后学会了生火，最后学会了用火烹饪那些他们在此之前只会生着吃的食物。

如果人和其他动物之间以及人与人之间不断重复地接触，在人的心灵中自然会产生对于某些关系的感知。对于这些关系，我们可以用大或小、强或弱、快或慢、胆小或勇敢，或者其他类似的概念来形容。这些关系与需求相对照，然后几乎是在不知不觉之间，终于引起人类的某种思考，或者更应该说引起人类某种机械的谨慎。这种谨慎会指示他为保证自身安全而采取必要的措施。

这一发展所带来的新智慧，通过使人类意识到自身的优越地位，使他在其他动物面前的优越感大大增加。他练习着为它们布下陷阱，用千百种方式诱骗它们。尽管存在着很多动物，在搏斗时力量比人类大，在奔跑时速度比人类快，可是慢慢地，对于那些能够供人类使用的动物而言，人类变成了它们的主人；而对于那些可能对人类造成伤害的动物而言，人类却变成了它们的灾难。正是这样，当人类第一次开始审视自己时，便产生了最初的自尊情绪；也正是如此，当他还不大知道如何区分等级的时候，在他将自己的物种视作第一等的同时，他早已准备将他自己列为同类中的第一等了。

尽管他的同类对他的关系与现如今我们的同类对我们的关系不尽相同，虽然他与同类的联系也并没有比他与其他动物的联系更加紧密，但是在他的观察中，他的同类并没有被遗忘。随着时间的流逝，他渐渐发现，在他的同类之间以及在他的雌性伴侣和他自己之间存在着许多共性，而这些共性又促使他推断出另一些尚未被发现的共性。当他发现，在相同情景下，他们所有人的表现与自己的表现一致时，他便得出结论，认为他们的思考方法和对事物的感知方式与自己相同。而这一重要事实一旦在他脑海中形成，接着便会使他产生一种预感：为保证自己的优势和安全，最好的行为准则就是与他们待在一起。这种预感与推理方法同样确切，而且比推理方法更为直接。

经验告诉人类：追求幸福是人类行动的唯一动力。因而，他开始能够区分以下两种情况：第一，由于共同利益，人类能够指望同类的帮助，这种情况比较少见；第二，由于彼此间的竞争，人类不再信任他的同类，这种情况更为罕见。在第一种情况下，人类以部落的形式聚集在一起，或者至多以某种自由的联合方式组合在一起，但是这种联合方式不对任何人构成约束，他们围绕着共同需求而相互连结，而且这种连结方式随着共同需求的消失而瓦解；而在第二种情况下，每个人都在寻求自身的利益，相信自己足够强大的便直接采取暴力，而觉得自己比较弱小的，则依靠自身的敏捷和灵巧。

就这样，人类在无意识间获得了一些有关互助义务及履行这些义务的好处的粗浅观念。但是，他们只有在面临眼前的重大利益抉择时，才会产生这种观念。要知道，他们根本不知道远见为何物，他们不仅不会去忧虑尚且遥远的未来，就连近在咫尺的明天也不在他们的考虑范围之内。当他们要捕捉一头鹿时，他们每个人都能清楚地明白，为了捕捉到这头猎物，他们必须坚守自己的岗位；但是，如果这时一只野兔从其中一个人的眼前跑过，这个人将会毫不迟疑地去追捕这只兔子；当他捕获到自己的猎物后，至于同伴们因此而没有捕捉到他们的猎物这件事情，他是毫不在意的，这一点毋庸置疑。

我们不难理解，人们相互间的这种关系，并不需要比那些差不多同样集结成群的乌鸦或者猴子拥有一门更加精致的语言。在很长时间内，我们的普遍语言应该是由含糊不清的喊叫声、许多手势以及一些模拟声音组成的。而在不同的区域，人们又在此基础上增加了一些带有音节的和约定的声音。对于这些声音的制定，正如我之前所提到的那样，解释起来并没有那么容易。这样一来，便在各个地区形成了各自独特的语言，不过这种语言都是粗略和不完备的，很像今天不同的野蛮民族仍在使用着的语言。

由于中间经历了漫长的时间，而我想说明的事物又太过庞杂，同时，最初状态下的进步几乎不为人所知，所以我不得不在转瞬间跨过好几个世纪。因为，事件交替的过程越是缓慢，用来描述它的语言就越是简短。

这些最初的进步，终于使人类加快了前进的步伐。智力越是发达，技巧便越趋于完善。很快地，人类便不再栖息在随便一棵树下，也不再躲到洞穴里了。他们找到了某种坚硬、锋利的石斧，可以用来砍树、凿地，用砍下的树枝搭建茅屋，然后竟然想起在茅屋上面涂上黏土和泥浆。这便是第一个变革的时代，这一变革促进了家庭的形成和不同家庭的区分，从而带来了某种形式的私有制；或许正是从这里诞生了如此多的纷争与战斗。然而，最初给自己建造房屋的人似乎都是那些强者，因为他们认为自己有能力保卫自己的住所，而那些弱者只会想办法模仿他们，而不是将他们撵走。那些已经有自己居所的人，他们绝不会尝试着去夺取邻居家的房子，这倒不是因为这房子不属于他们，而是因为这个房子对他们而言是无用的，而为了夺取它，他们却免不了要与这个房子的主人展开一场生死搏斗。

人类心灵的初步发展来源于对新环境的适应，这种新的环境将丈夫与妻子、父亲与孩子聚集在一个共同的居所内。共同居住的习惯，使人类产生了最细腻的感情：夫妻之间的爱以及父母与子女之间的爱。这样一来，每个家庭变成一个结合得更好的小型社会，而正因为连接这个社会的唯一纽带是相互间的依恋与自由，因而这个社会上的各种联系变得更加紧密了。在此之前，男人和女人拥有着相同的生活方式；但是从这个时候开始，两性生活方式开始出现初步的区别。从此，女性变得更加居家，慢慢习惯于看家和照看孩子，而男性则必须去寻找全家人共同的食物。他们开始过上一种闲适的生活，从而丧失了他们部分的强悍和力量。但是，即便每个个体在与野兽搏斗时力量变得不如从前，但另一方面，他们却更加明白如何团结起来共同抗敌。

在这一新的状态下，人类过着简单而又孤独的生活。他们的需求非常有限，而且使用着为满足这些需求而发明的工具，因而他们享有更多的闲暇，用来为自己安排他们的祖辈所不知的各式各样的舒适享受。这是人类在不经意间为自己加上的第一道桎梏，也是他们为后代遗留下的第一个痛苦的源头。因为这样一来，不仅他们的身体和精神会开始变弱，而且这些舒适的享受会渐渐变成一种习惯，这种习惯最终会使人类几乎完全感受不到幸福，而且同时会转化为真正的需求，那么得不到这些享受所带来的痛苦，将远远大于拥有这些享受时所带来的喜悦。从此，人们将因失去而感到忧伤，却不会因为拥有而感到幸福了。

在这里，我们可以比较清楚地看到，语言是如何开始被使用的，或者它在每个家庭中是怎样无意识地趋于完善的。我们还能够进一步推测，各种各样独特的原因是如何使语言变得不可或缺，从而扩大了它的使用并加速其发展的。洪水的泛滥或是地震使一些有人居住的地方被悬崖峭壁所包围；地球的变迁将大陆的某些部分分隔成岛屿。人们会认为，在这些如此靠近而又被迫共同居住的人类中间，比在那些常年自由游荡于坚实大地上、在森林中不断穿梭着的人类中间，应该更容易形成一种共同方言。因此，情况极有可能是这样：岛上的居民在经过最初的试航后，便给我们大陆带来了语言的习惯；或者至少也应该是这样：在大陆上还不知道什么是社会和语言之前，岛上已经建立了社会，产生了语言，而且两者都已经到了相当完善的地步。

于是，一切都开始改变。那些曾经持续在森林中游荡的人，一旦得到一个更加固定的住所，便缓缓地相互靠近，以不同部落的形式聚集起来，最后在每一个区域形成一个独特的民族，依靠习性和特征团结起来。促使他们团结起来的并不是法律法规，而是相同的生活饮食习惯以及同样的气候影响。

同时，固定的邻里关系进一步催生了不同家庭之间的联系。不同性别的年轻人居住在相邻的住所，然后很快地，在大自然的驱使下发生临时关系，而相互间频繁的往来又将这种临时关系变成了另一种同样亲密而更为持久的联系。

人们开始习惯考虑不同的对象并加以比较；于是，在无意识间，他们获得了"才能"和"美丽"的概念，继而产生"偏爱"的情绪。

由于习惯于频繁的相见，他们从此再也无法离开对方。一种温柔甜蜜的情感便出现在灵魂深处，只要出现稍不如人意之处，这种感情便会变成疯狂的愤怒：嫉妒随爱情而生，一旦反目，就连最温柔的感情也不免引起人类血淋淋的牺牲。

随着观念和情感的接踵而至，以及对精神和心灵的逐步开发，人类不断地被驯服着。他们相互间的关系得到了扩展，联系也变得更加紧密。人们渐渐习惯于聚集在某一住所前或者某棵大树周围歌唱和舞蹈——这一爱情与闲暇的真正结晶，成为那些过着悠闲和群居生活的人娱乐或者更应该说消遣的方式。每个人都开始关注别人，同时也渴望着别人关注自己。公开的称赞变成了一种荣誉。那些唱歌或者跳舞最棒的人，那些最美、最强壮、最聪明或者最雄辩的人便成为人们最为尊重的人。要知道，这是迈向不平等的第一步，同时也是让人类通往邪恶的开始：从这些最初的偏爱出发，一方面诞生了虚荣和蔑视，另一方面也诞生了耻辱和欲望。而由这些新的原因所造成的骚乱最终给予"幸福"与"天真生活"最后一击。

一旦人类开始相互欣赏，并开始在脑海中形成"**尊重**"的概念，每个人都将认为自己拥有获得尊重的权利，因此，一个人不被尊重而不感到任何不妥的情况，已经几乎不会出现了。由此便诞生了最初的礼貌义务，对于这一义务，甚至在野蛮人之间也是如此。

从此，所有故意的侵害都将变成一种侮辱，因为除了由于损害所产生的损失外，受害者还认为那是对他人格的侮辱，而这种侮辱往往比损失本身更加令人难以忍受。正因如此，每个人都会根据自己的情况向对自己表现出蔑视的人实施惩罚，报复行动于是变得恐怖不堪，而人类则变得既血腥又凶残。

这正是我们知道的大多数原始部落进化的程度。需要注意的是：有的人正是因为没有很好地区分这些概念，没有注意到这些原始民族距离最初的原始状态已经非常遥远了，从而草率地得出人类生性残暴，因而需要文明制度的介入，以便将他们驯化的结论。

而事实上，没有任何人比处于原始状态的人们更加温和了。那个时候，他们被大自然隔离在距离野兽的愚蠢和文明人的智慧同样遥远的地方，同时，他的本能受理性所限，因而只知道防备眼前祸害的威胁；他们天生具有同情心，不愿意对任何人造成伤害，即使自己受到了伤害，也不会在任何情绪的驱使下对别人作恶。因此，正如智者洛克的一句哲言所说：没有私有制，便不会有不公正。

但是，我们必须注意的是：社会一旦开始出现，人类之间一旦建立关系，那么就一定要求人类拥有一些他在最初状态下所不具备的品质；由于道德观念已经开始渗入人类行为之中，并且在法律出现前，每一个人都是自己所遭受冒犯的唯一裁判者和复仇者，因此，曾经适合于纯粹自然状态的善良已经不再能够适应这个刚刚诞生的社会了；随着相互侵犯的频率日益加大，对侵害所实施的报复也必然变得更加严厉。在那个时候，正是对报复的恐惧代替了法律制约。

因此，尽管人类不如从前那样耐劳，尽管大自然所赋予的怜悯心已经遭遇到某种程度的歪曲，但是人类能力的这一发展阶段却正好是处于悠闲自在的原始状态和我们"自尊心"泛滥的现时状态之间的一个时期，这应该是最幸福而且最持久的一个时期。

对于这一点，我们越是深入思考，越会发现：这是最不可能引起动荡，对人类而言最好的[16]一个状态。同时，除非发生某种致命的偶然事件，否则人类是不会脱离这种状态的。当然，为了人类的共同利益，这种偶然事件最好永不发生。正如我们大家所知道的那样，许多现存的野蛮人就保留着类似的状态。他们的事例，似乎可以证实：人类似乎生来就应该停留在这一状态。这种状态是整个世界真正的青春期，而所有之后的发展看似促进了个体的完善，实则加速了整个物种的衰败。

当人类满足于简陋的房屋，满足于使用木刺或者鱼刺缝补皮质衣裳，使用羽毛和贝壳打扮自己，在身上涂上不同的颜色，不断完善或者美化他们的弓和箭，使用锋利的石头凿出某些渔船或者某些原始的乐器的时候；总而言之，就是当他们只适应个人劳作，并且只会从事那些不需要多人协作的艺术时，他们过着本能所能够给予他们的最自由、健康、美好与幸福的生活，并且在他们中间继续享受着无拘无束自由交流的乐趣。

然而，一旦某个人需要另一个人伸出援手，一旦人们发现一个人能够拥有两人份食粮的好处，平等就此土崩瓦解，取而代之的则是私有制。从此，劳动成为必需，而广袤的森林则变成了需要人们播撒辛勤汗水的欣欣向荣的田野。后来也正是在这片土地上诞生了奴隶，苦难从此在这里萌芽，随着庄稼一道在这田野里生长。

正是对冶金术和农业这两门艺术的发明，才促进了此次浩大革命的发生。对于诗人而言，将人类教化并使他们堕落的是黄金和白银；而对于哲学家而言，罪魁祸首却是铁和小麦。正因如此，生活在美洲的野蛮人既不了解冶铁也不了解农业，所以他们可以一直保持原始的状态；此外，其他一些民族由于只运用了这两种艺术中的一种，也似乎保留着未开化的状态；欧洲的开化，与其他各洲相比，即使不是最早的，至少也是发展过程最稳定、文明化程度最高的。用于解释这一现象最好的原因就是：欧洲不仅是产铁最多，而且是生产小麦最丰富的地方。

我们很难推测出人类是如何得以认识和使用铁的：因为他们不可能仅凭想象将矿石中的物质提炼出来，再给予这些物质必需的条件，以让它熔化，却对于这样做的目的全然不知；另一方面，我们更不可能将这一发现归结为某些意外的火灾，因为矿石只有在那些干燥并且寸草不生的地方才能形成，这使得有人甚至说这是大自然故意的行为，为的是不让我们去触碰这一致命的秘密。这样一来，就只可能是在某些非同寻常的情况下，火山突然爆发，喷出一些熔化的金属物质，看到这一幕的人们便想到去模仿大自然的这一活动，开始冶炼金属。

但是，在这种情况下，我们还得假设这些人拥有足够的勇气和预见力，来从事一项如此繁重的劳动，然后那么早就能预计到他们将来可能获得的利益。然而，只有大脑训练有素的人才能够做出这样的尝试，而当时的人们应该还没有达到这一思维水平。

至于农业，早在其被付诸实践前，人类便已经掌握了它的规律，要知道，每日以树木和植物为食的人们不可能对自然是如何滋养这些植物的方式浑然不知；但是，他们的技艺可能到很久之后才转向实践——这要么是因为人类通过打猎和捕鱼的方式已经足以维持生计，因而不需要树木；要么是因为不够了解大麦的用途；要么是因为缺少种植大麦的工具；要么是因为缺乏对未来需求的远见；或者要么是因为缺少防止他人窃取劳动果实的方式。

随着人类变得更加灵巧，我们可以想象人类在拥有尖锐的石头和木棍后，一开始在住所周围种植蔬菜和根块作物，然后在很长一段时间之后，才渐渐学会种植小麦以及拥有大规模种植所需要的工具。当然，更不必说，要从事农业这门艺术，必须愿意先牺牲一些东西，然后才能获得更多东西。这一想法距离野蛮人的思想太远，因为正如我之前所说的那样，他们甚至无法在早上对晚上的需求做出预测。

因此，为使人类从事农业这门艺术，其他艺术的发明就显得至关重要了。从必须有一些人来从事熔化和锻铁工作的时候起，就需要另外一些人来养活他们。工人的数量越多，从事公共食物供应的人手就越少，而消费食物的人口却并未减少；同时，由于有的人需要用食物来交换铁，另一些人便终于发明了可以利用铁来增加食物的秘密。

这样一来，一方面诞生了耕作和农业，而另一方面也诞生了金属加工及金属用途拓展方面的艺术。

随着人们对土地的耕种，必然会产生对土地的分配，而私有一旦得到承认，便会产生最初的平等原则。因为要给予每个人属于他的东西，是以每个人都能够拥有东西为前提的；一旦人类开始着眼于未来，并且每个人都能够预见自己对某些财产的损失时，没有一个人不会害怕由自己可能对他人造成的损失所带来的报复。此外，尤其考虑到只有从劳动出发才能设想最初的私有概念，这一源头就显得更加自然了；因为，人们无法想象除了通过劳动，人类还能够通过什么其他的途径来获得不属于他的东西。劳动给予耕种者拥有其所耕种土地所产生的劳动产品的权利，正是这唯一的劳动最终使他将这片土地占为己有，并至少在收获前拥有它。因此，年复一年，持续的占有最终自然地转化成了私有。正如格劳秀斯所说，当古代人给予谷物女神色列斯 *Cérès* "立法者"的称号，并将一个节日命名为"戴斯莫福里"（Thesmophories）[1] 以向她表示敬意时，他们便已经表明，土地的分配产生了一种新的权利，即所有权，这种权力与自然法则中产生的权利有所不同。

在这种状态下，如果人们的才能相等，一切事物是可能始终保持平等的，例如，铁的使用与对食物的消费就始终恰如其分地保持着平衡。然而，没有任何东西可以维持这一均衡，平衡很快被打破。强壮的人可以完成更多的工作；灵巧的人可以更好地利用自己的身体优势；机灵的人可以找到减轻工作的方式；耕种者更需要铁，或者铁匠更需要小麦。因此，在同等劳动下，有的人可以挣得很多，而有的人却难以维持生计。就这样，自然的不平等随着关系的不平等而逐渐显现出来，同时人类之间的差别随着情况的不同而不断扩大，其产生的效果也变得更加显著与持久，继而以同样的比例影响着人类的命运。

事情已经进展到这一步，剩下的部分就不难想象了。我不必停下来，去描述其他各种艺术的相继发明、语言的发展、天赋的考验与运用、财产的不平等、对财富的使用或者滥用等，也不必去深究所有这些进程的细节，因为那是每个读者都能够

---

[1] "戴斯莫福里"节：纪念立法女神色列斯·戴斯莫福里的节日。希腊人之所以把戴斯莫福里女神称为立法者，是因为她曾教人耕种，制定婚姻制度，从而建立了文明社会。只有女性才庆祝这个节日。

轻易自行补充的。下面，我想要简单探讨的是，处于这一新秩序下的人类。

这时，人类所有的能力都已经被开发出来：记忆力与想象力并存着，自尊心被唤醒，理性被照亮，智慧似乎已然达到了它所能达到的最完善的程度。这时，所有来源于自然的品质都已经发挥作用，每个人的等级和命运不仅取决于财富的数量以及每个人有利于人或者有害于人的能力，而且还取决于精神、美貌、力量、技巧、功绩或者才能等种种品质。

由于这些品质是唯一能够引起人类关注的对象，因此很快地，人们必须拥有或者假装拥有这些品质，必须为争取自己的利益而表现出与其真实面目不同的形象。于是"实际是"和"看似"变成两个完全不同的概念，而正是在这一区分中出现了无比奢华的排场、骗人的诡计以及随之而来的所有恶行。

另一方面，由于众多新需求的出现，人类从以前自由、独立的状态，变成了现在被整个大自然，尤其是其同类所奴役的状态。在这一状态下，他表面看来是其他同类的主人，但是从某种意义讲来，却同时成为了他们的奴隶。富裕的人需要他人的服务；贫穷的人需要他人的救助；而不穷也不富的中间状态，也绝不可能让他摆脱对其他同类的需求。因此，他必须不断设法引起他人的注意，让他们看到为他工作的好处，无论这一好处是实际的还是表象的。这样就使得他在有的人面前变得狡猾而又虚伪，而在另一些人面前变得专横而又无情，而且，当他不能使一些人畏惧自己，或者当他认为服侍另外一些人对他没有什么好处的时候，他便不得不欺骗他所需要的一切人。

最后，贪婪的野心，与其说出于真正需要，不如说为了使自己高人一等而积累财富的强烈欲望，使所有人产生了相互损害的可怕倾向以及一种隐秘的嫉妒之心。同时，为了便于达到目的，这一嫉妒往往戴着仁慈的面具，因而变得更加危险。总之，一方面是竞争与敌对，另一方面是利益的对立以及总是隐藏着的想要损害他人以牟取自身利益的欲望，所有这些罪恶都是私有财产的第一个后果，同时也是最初的不平等的必然产物。

在人们还没有发明财富的象征符号之前，财富仅仅指土地和家畜这些人类唯一能够真正拥有的财产。然而，当不动产的数量不断增多，范围不断扩大，从而覆盖了整个地面，使土地之间相互毗邻之后，一个人只有通过损害他人才能扩大自己的财产。那些因为柔弱或者懒惰而未能完成土地的扩张的人，虽然看似什么都没有失去，实则变得贫穷了。因为他们周围的一切都改变了，而他们却还停留在原地。于是，他们被迫从富人手里接受或者抢夺生活必需品。

就这样，由于富人和穷人彼此间不同的性格，便诞生了统治和奴役或者暴力和掠夺。对于富人而言，他们一旦体会到统治的快乐，便会立即蔑视所有其他的快乐。同时，由于他们可以用旧奴隶来降服新奴隶，所以他们每天所想，就是如何制服或者奴役他们的邻居。他们就像那些饥肠辘辘的恶狼，一旦尝到人肉的鲜美，便觉得其他食物索然无味，因而最后只想着吞食人类了。

就这样，最强大的人或最悲惨的人将他们的力量或者他们的需求视作一种对他人财产上的权利，而这种权利在他们看来就等于财产权，由此带来的不公随之为社会带来了可怕的骚乱。正是这样，对财产的窃取、对穷人的掠夺以及所有人无节制的情欲扼杀了自然的怜悯之情，在正义之声尚且微弱的情况下，使人类变得吝啬贪财、雄心勃勃、十恶不赦。在强者逻辑和首位逻辑的较量中，爆发了一场持久的冲突，只有战争和谋杀[1]才能将这场冲突阻断。渐渐地，最初的社会被一个可怖的战争状态所取代：可耻而又可悲的人类再也无法回到过去，也无法放弃那些他们获取的不幸之物。他们只好苟且偷生，在滥用了令自己引以为豪的优势后，眼见着自己走向毁灭的边缘。

"他被新的灾难惊呆了，又富有又可怜。

他只想逃离财富，

并憎恶他曾经祈祷的东西了。"[1]

人类一定不曾想过会遭遇如此悲惨的境遇与不幸。很快地，

〔1〕这是奥维德《变形记》，XI，127，诗句的译文，曾被蒙田引用。

尤其富人们会感觉到这样一个持久战争的状态是多么地不利，因为只有他们为战争买单，而且生命威胁是大家共同承担的，而财产损失却是由个人担负的。

此外，无论富人如何掩饰自己巧取豪夺的行为，他们都会清楚地意识到：这样的行为只不过是建立在不牢靠、滥用的权利基础之上的，而且由于这些窃取行为只能通过暴力完成，因此他们有理由相信这些窃取之物也会被其他暴力夺走，而且在这种情况下，他们还不能有一丝的埋怨。即使那些通过劳动这一唯一技巧使自己变得富裕的人，也无法为他们的财产找到更加合适的名目。他们可能会说"这堵墙是我修建的"或者"我是通过劳动获得这块地的"。

但是，这些回答都只不过是枉然。我们可以反问："请问，是谁为你指定的边界线呢？我们并没有强迫你劳动，你凭什么让我们为你的劳动买单？你难道没有发现有无数同胞正因为你的过度占有而丧生或遭受痛苦吗？你难道不知道只有得到人类明确、一致的同意，你才能够在共同生存的基础上将超出自己需求的部分占为己有吗？"

面对这些质疑，富人将无言以对，不再有任何狡辩的理由，也不再有任何反击的力气。他们虽然很容易制服某一个人，但也会同样轻易地被强盗团伙所制服。富人是以一人对抗全体的，因为富人与富人之间的相互妒忌，他们无法与和自己相同的人联合起来，以对抗那些因抢劫的共同愿望而集结起来的敌人。迫于情势，富人们最终想出了一个最周全的方案，这样一种方案是前人从未想到过的，那就是：利用那些攻击者的力量来为自己服务，将原来的敌人转变成自己的保卫者，并向他们灌输新的格言，为他们建立一些新的制度，这些制度，通过改变自然法对富人不利的准则，最终使其偏向对富人有利的一面。

出于这一目的，富人向邻居祖露了自己对这种可怕情境的恐惧：如果所有人都武装起来相互对抗，就会使某些人的财富和另一些人的需求都变成沉重的负担，因而无论是贫穷还是富裕，所有人都得不到安宁。

在指出这种可能的情境之后，他便理所当然地编造了一系列动听的理由，来诱导他们帮助自己达到目的。他会对他们说："让我们团结起来吧！愿弱者摆脱压迫，野心得到抑制，我们每个人都能拥有自有之物！让我们制定一些平等、和平的准则吧！每个人都必须遵守这些准则，而且任何人都不会得到偏袒。这样便可以从某种角度弥补财产分布不均所造成的不公，因为强者和弱者需要承担相同的义务。总之，不要再用我们的力量来与我们自己作对，让我们将这些力量集结起来，形成一个至高无上的权力。这一权力将根据审慎的法律对我们进行统治，将保护和保卫这一集体中的所有成员，击退我们共同的敌人，并让我们保持永久的和谐！"

其实，为引诱那些本就禁不住诱惑的野蛮人，富人们根本无需如此大费周章。野蛮人之间有太多的纷争需要解决，因此裁判员不可或缺；他们又太过贪得无厌与雄心勃勃，因此也不能长期处于群龙无首的状态。所有人都朝着镣铐的方向奔跑着，满心以为这样便可获得自由。他们已经拥有足够的理性，来感受一个政治组织所能带来的好处，但却没有足够的经验，来预见可能带来的危险。而那些最可能预见其中弊端的人，却又恰巧是那些打算利用这一点的人。正是这些智者认为，必须下定决心牺牲自己的部分自由，以保存另一部分的自由，就像一个受伤的病人选择割断自己的一只胳膊，以保全身体的其他部位。

这便是或者应该是社会和法律的起源。从此，弱者有了新的束缚，富人则拥有了新的权力[18]，自然的自由一去不复返，有关财产和平等的法律根深蒂固，一部不得撤销的法律通过一种灵活的窃取方式应运而生，整个人类因为某些野心家的利益而被迫陷入劳动、束缚和苦难之中。

我们可以轻易地看到，一个社会的诞生是如何使其他一切社会的建立成为必要；以及想要对抗这一联合起来的力量，其余的人们为何又必须相互联合起来。社会的快速增长和扩张使得这一组织形式迅速遍布整个地球。在这个世界上，我们再也无法找到一个角落，在那里，人们能够打破桎梏，能够避开自己头上的利剑，这把利剑因为时常操纵不当而使每个人感到它永远悬在自己的头上。就这样，民法成为所有公民必须遵守的共同准则，而自然法则却只适用于不同的社会之间。在各个社会中间，人们还以人权的名义，用一些默认的规定减轻了自然法则的效力，以便使社会间的交往成为可能，并使在人类中间已经消失的自然怜悯心得到补偿。由于自然的怜悯之情在社会与社会的关系上，几乎已经丧失了它在人与人之间的关系上所具有的全部力量，因此，从此之后，这种怜悯心只存在于那些伟大的世界主义者的灵魂深处。这些人敢于跨越分隔各民族的想象力障碍，像创造人类的造物主那样用善意拥抱整个人类。

这些不同的政治组织在彼此之间的关系上仍然处于自然状态，很快地，它们开始感觉到其中存在的缺陷，最终不得不摆脱这一状态。事实上，自然状态存在于这些大的政治组织之间所带来的危害，要比它存在于这些组织所包含的个人之间所带来的危害大得多。正是从这里产生了使自然为之战栗的、违反理性的内战、斗争、谋杀和复仇，以及所有那些竟然将流血牺牲提升到美德层面的可怖偏见。最正直的人也学会了将屠杀同类视作自己的一种义务。最终，我们看到成千上万的人相互残杀，却不知道自己为何如此。现在，人类在一天的战斗中所受到的伤害，以及在一个城池被占领时所感受到的恐惧，都超过了在整整几个世纪的自然状态下，全地球的人类所遭遇的伤害和恐惧。这便是我们看到的将人类划分为不同社会所带来的初步危害。下面，我们将探讨一下这些社会的组成问题。

我知道，关于政治社会的起源问题，有许多作者给出了其他意见，比如强者的征服或者弱者的联合。但是，对这两种原因的取舍，与我所要论证的对象是毫无关联的。我在上文所阐释的原因，在我看来是最合乎自然的，理由如下：

（一）在第一种情况下，所谓的征服权根本不能被算作一项权力，所以无法以此为依据，创立其他任何一项权力。征服者与被征服的民族将永远处于战争状态，除非被征服的民族完全获得自由，并自愿选择其征服者为首领。在此之前，无论人们签订了什么样的投降条约，由于这些条约只有在暴力的基础上才会被缔结，这一事实本身就注定了这一条约的无效性。因此，在这一假设下，既不会存在真正的社会，也不会有政治主体，更不会有除强者法则之外的其他法律。

（二）在第二种情况下，"强"与"弱"两个概念是模棱两可的。从产生所有权或者优先占有权到政治组织成立的过渡期间，这两个词基本上可以用"富裕"和"贫穷"来代替，因为事实上，在出现法律之前，一个人想要征服自己的同类，除了通过损坏他的财产或者将自己财产的一部分分给他之外，别无他法。

（三）因为穷人除了他们的自由之外，没有任何其他可以失去的东西，所以除非他们完全丧失理智，否则绝不会在一无所获的情况下放弃自己唯一的财产；相反地，这样说来，富人们对他们财产的每一个部分都非常看重，要想损害他们的利益是轻而易举的事情，因此富人们就必须更加小心翼翼地保存自己的财产。最后，我们有理由相信，只有认为一个东西有用的人才会去发明这样东西，而如果这个东西对一个人有害，这个人是绝不可能去发明它的。

刚刚成立的政府尚未形成稳定、规律的形式。哲学和经验层面的不足使得人们只能看到眼前的弊端，而对于其他弊端，则只有等到其显现出来后再进行补救。尽管最具智慧的立法者做出了不懈的努力，但是政治状态始终处于未完善状态，因为它几乎只是偶然的产物，而且因为它一开始就没有起好头，即使随着时间的流逝，人们在发现越来越多的缺陷后，可以想办法进行补救，但是却根本永远无法修补好这一组织本身的漏洞。人们不断地修补着，然而他们需要做的却是清扫场地，扔掉所有旧的材料，然后再建起一幢完美的建筑，就像莱格古士 Lycurgue[1] 在斯巴达所做的那样。社会一开始只不过建立在一些普遍协议的基础之上，这些协议得到了所有人类个体的认可，而且集体可以为其中的每个成员做出担保。只有当经验证实，这样一个组织是那么地脆弱，以及违反公约的人又那么容易逃避所犯错误的认定和惩罚——因为只有公众才是他过错的唯一证人和判官——的时候；只有当人们千方百计地规避法律的时候；只有当缺陷和骚乱持续不断地增长的时候，人们才会最终想到这一将公共权力托付给某些个人的危险方式，才会想到委托一些法官去保证人民决议的执行。因为，认为领导的选举发

---

〔1〕传说中前8世纪斯巴达的国王，著名的立法者。

生在联邦产生之前，法律大臣出现在法律产生前的假设是站不住脚的。

然而，认为人民一开始就无条件、不计回报地投入独裁者的怀抱；认为桀骜不驯的人类想到的第一个获得公共安全的方式，就是大踏步奔向奴隶状态的说法，从此不再合理。

事实上，如果他们不是为了让自己能够反抗压迫，不是为了捍卫可以算作他们生存要素的财产、自由和生命，他们又为何要将自己托付给统治者呢？而且，在人与人的关系中，一个人可能遭遇的最糟糕的情况，就是让自己任由另一个人摆布。如果一个人之所以需要首领的援助，是为了保存自己唯一的财产，那么他一开始就将这一财产交到首领手中，这难道不有违常识吗？对于首领而言，为得到一个如此宝贵权利的转让，他能够为人们提供什么样的等价物，以作交换呢？如果他敢以保护他们为由，来索取这一宝贵的权利，他难道不会立即得到一个讽刺性的回答："敌人还能够对我们怎样呢？"因此，人民之所以将自己托付给首领，是为了捍卫自己的自由，而不是为了让自己沦为奴隶，这是不可争辩的事实。这基本上是所有政治权力的基本准则。正如普林尼对图拉真 *Trajan* [1] 所说："我们之所以拥护一个国王，是为了他能够保证我们不做任何主人

[1] 罗马帝国五贤帝之一。他重视低下阶层的生活，减轻人民的负担，并提供贷款援助小农，此外，他还以皇帝的个人收入在各地设立贫儿补助金，用以养育贫苦无依的孤儿。他在位时立下显赫的战功，使罗马帝国的版图在他的统治下达到极盛。

的奴隶。"〔1〕

　　我们的政治家们关于热爱自由所做的那些诡辩，正如哲学家们对自然状态所做出的诡辩一样。他们通过自己所见之物，来断定他们尚未见过的极为不同的事物。他们因为看见有些人极具耐心地忍耐着奴役之苦，便认为人类天生具有一种被奴役的自然倾向。他们没有想到，自由也与天真和道德一样，人们只有在亲身享受的时候才能感受到它们的价值，而一旦失去它们，人们对它们的兴趣也会随即消失。正如布拉西达斯 *Brasidas*〔2〕曾经对一个将斯巴达和波利斯城的生活相提并论的波斯总督所说的那样："我知道你的国家的快乐，你却不明白我的国家的惬意。"

　　正如一匹桀骜不驯的野马会竖起鬃毛，四脚踩地，猛烈地挣扎着冲向唯一的出口，而一匹训练有素的马则会耐心地忍受着长棍和马刺那样，对于野蛮人而言，相比无言的屈从，他更喜欢暴风雨般的自由。因此，我们不应该通过被奴役人民的堕落，来判断人类天性是赞同还是反对奴役，而应该通过所有自由人民在反抗压迫过程中所创造的奇迹，来洞悉他们的真意。我知道，那

---

〔1〕据 M. G. 贝立安 *Pellian* 所称，卢梭在这里引用的话语可能出自以下段落，但是普林尼所要表达的意思并不如卢梭所说，这个段落如是写道："由于你们并不是不知道存在于专制权力和合法政府之间的自然区分，因此你们不难了解，只有那些痛恨暴君的人才会更加想要一个公正的国王。"
〔2〕伯罗奔尼撒战争初期最杰出的斯巴达统帅。

些被束缚的人只会不断地大肆吹嘘他们在牢笼中享有的和平和安静，即所谓的"被束缚的悲惨的和平"。但是，当我看见另外一些人不惜牺牲自己的快乐、安宁、财富、权势甚至生命，来换取这个被失去它的人们如此轻视的唯一财富时；当我看见那些生来自由的动物由于厌恶囚禁而一头撞死在监狱的铁栏上面时；当我看见众多赤身裸体的野蛮人鄙视欧洲式的享乐，为保证独立而勇敢地与饥饿、火灾、铁器和死亡对抗时，我深深地感觉到，对自由的思考，从来都不属于奴隶。

至于父权，很多学者认为从父权衍生出了专制政府和整个社会。然而，我们并不用求助于洛克和悉得尼的相反论证，只需要仔细观察便会注意到：在这个世上，没有任何事物比父权的温存更加远离残暴的专制思想。父权更加看重服从者的利益，而不是只关心施令发号者的权益。同时，根据自然法则，只有在孩子需要父亲帮助时，父亲才是孩子的主人，而这一阶段一旦过去，他们就变成平等的主体，子女将完全独立于父亲，他们对父亲保留的将只有尊敬而没有服从：因为感激之情只能被看作一项应该完成的义务，而不应该是一项应该索取的权利。

与其说文明社会来源于父权，不如说父权从社会中汲取了主要的力量源泉：一个人只有当几个孩子围绕在身旁团结起来时，这个人才能被认为是这些孩子的父亲。一个父亲真正拥有的财富，正是让这些孩子依赖他的各种联系，他可以根据孩子们自愿表现出来的持续的敬意来决定他们继承的比重。然而，人类从暴君那里根本无法得到类似的恩惠，因为他们本身就属于暴君，不仅他们，还有所有他们拥有的东西都是属于暴君的财产——至少暴君自己是这样声称的。

这样一来，他们沦落到认为暴君将他们自己的财产留给他们是一种恩惠的地步；当暴君剥削他们时，他是在主持正义，而当暴君让他们活命时，他便是在播撒惠泽。

如果我们这样从权力出发来继续考虑这些事实，我们就会发现，认为专制政治的建立是出于人民自愿的这一说法，既没有可靠的依据，也缺乏真实性。同时，我们也将很难指出这样一份契约的合法性何在：一方以承担义务，另一方则只享受权利，而受损害的恰恰是负担义务的人。这种制度极其不合理，与当今出自那些智慧贤明的君王的制度都不尽相同。其中，法国的一些国王在这方面堪称佼佼者，我们在多处由他们颁发的法令中便可初见端倪。其中最突出的是 1667 年国王路易十四以其名义颁布的著名法令，其间有一个段落如此写道：

"因此，我们决不应当说君主游离于国家法律之外，因为这句话的反命题恰是人类权力的真谛。尽管这一真理不时受到趋炎附势之人的攻击，但贤明的国王总是像国家的保护神一样来保护这一真理。又有什么比柏拉图所说的，认为一个国家最大的幸福在于，臣民服从于君主，君主服从于法律，法律刚正不阿、始终为人民谋福利的观点，来得更加合法呢？"[1]

我并不打算停下来探讨这一问题：自由既是人类所拥有的一切能力中最崇高的一种能力，如果为了奉承残酷的或者失去理智的主人，竟毫无保留地抛弃他所有天赋中最宝贵的天赋，竟屈从主人的意旨，去犯造物主禁止我们去犯的一切罪行，这是不是使人类的天性堕落，让人类沦落为只受本能支配的被奴役的畜生呢？我也不打算去探究造物主这个杰出的创造者，在看到其杰作被摧毁时，是否会比他看到这一杰作被羞辱时，更加地怒不可遏。如果人们愿意，我就不详细论述巴尔贝拉克有关权威的观点了。巴尔贝拉克根据洛克的观点，曾经直截了当地表明：任何人都不得出卖自己的自由，不得让自己受专制权力的任意支配。他还说道：因为出卖自由就等于出卖自己的生命，但没有任何人是他自己生命的主人。我只想问的是，那些如此自甘堕落的人有什么权力让他们的后代遭受同样的屈辱，并代替其后代放弃那些他们所必需的财富，使得本应该拥有这些财富的人们的生活从此变得如此昂贵？

普芬道夫说道，正如人们通过约定（convention）或者契约（contrat）将自己的财产转让给他人那样，人类也可以为他人放

---

[1] 这一段落节选自某篇以国王名义颁布的宣言（1667年，皇家印刷厂，《关于西班牙君主制不同等级的泰·科勒蒂安娜女王权力协议》）。在卢梭引用的段落过后，我们会立即读到："在他们国家，国王是法律的作者。"（第140页）。——出版社加注，18开，迪多出版社，巴黎，1801年。

弃自己的自由。

我认为，这是一个极端错误的结论。

首先，财产一经转让便不再属于我，其过度使用将与我毫无关联。但是，人们是否滥用我的自由对我而言却至关重要，因为我不可能在沦为他人的犯罪工具后，还不让自己成为别人强迫我所犯罪恶的罪人。此外，所有权只是出自人类的一项约定或者法规，所有人都可以任意支配其拥有之物。但是，对于人类主要的天然禀赋，如生命和自由而言，情况就大不一样了。每个人都有权享有这些天赋，当然，毫无疑问，也同时有权将之放弃。但是，放弃其中一个会使其存在堕落，而放弃另一个则会使其存在消失。由于没有任何物质财富能够弥补它们的损失，因而人类无论以何种代价将其抛弃都将是对自然和理性的触犯。而且，纵使人们能够像转让财产那样将自由异化，但对孩子而言，这两者之间的区别也是很大的。孩子们将只能通过权利的转让来享有父亲的财产，但是自由乃是他们以人的资格从自然中获得的天赋，他们的父母没有任何权力将他们的这一天然禀赋剥夺。因此，与奴隶制度的建立一样，为使这一权力永久延续下去，人们必须对自然施暴，必须对其做出改变，而那些鼓吹奴隶的后代生来为奴隶的法学家实则论证了"人类生来不是人类"的谬论。

因此，我认为可以确定的是：首先，政府并不是以专制权力开始的，因为这一权力只是政府的变质和极端，正是这一权力使得政府走向了它曾希望克服的强者定律；其次，即使政府确实是以此开始的，但是由于其不平等的本质，这一权力也无法作为社会法律的基础，因此也不能被算作制度不平等的根源。

关于政府基本契约的性质，本是尚待研究的问题[1]，但我们今天暂不作深究。我将跟随一般观点，将政治组织的建立视作人民与他们所选举的领袖之间的一份真正的契约。这份契约形成了双方的联盟关系，并要求双方共同遵守里面规定的法律。在社会关系方面，人民将他们所有的意愿汇总，形成统一的意愿，然后所有体现这一意愿的条款再形成基本法，要求国家所有成员必须遵守，无一例外。其中一项条款将规定负责监督执行其他各项法律的法官的选任和权力。这一权力覆盖基本法中的所有领域，且不得对基本法做出任何更改。人们还规定了一些使法律和其执行者受到尊重的有关荣誉的条款，并给予他们本人一些特权，以补偿他们为保证好的管理所付出的艰辛劳动。而对于法官而言，他们必须保证根据委托人意愿在职权范围内行使自己的权力，以让每一个人都能够安宁地享受自有之物，并能够时刻将公共利益置于个人利益之上。

在经验还没有证实，或者在人类的知识还没有使人预见到这种宪法不可避免的弊端之前，这一宪法似乎优于个体只能自己负

[1] 在此篇文章问世的八年后，对于这些问题的研究，进一步体现在卢梭发表的《社会契约论》里面。

责自我保存，而且只有他们自己关注自我保存的形式。这是因为，法官及其权力都是在基本法的基础之上建立起来的，一旦这些基本法被摧毁，法官将不复拥有合法性，人民将不再有服从他们的义务。同时，由于一个国家的基本要素是由法律而不是法官组成的，因此每个人就自然而然地恢复了他天赋的自由。

只要稍作思考，我们便会发现：这一点将会被一些新的论据所证实，而且就契约的性质而论，我们也可以看出这种契约并不是不可撤销的。这是因为，如果不存在一个至高无上的权力来保障契约签订双方的忠诚，并强制他们完成互相的承诺，契约签订双方将只能自己充当自身的判官，那么当其中任何一方发现对方违反规定或者发现这些规定不再适合他时，他随时都拥有撤销契约的权利。似乎正是在这一基础之上建立起了撤销的权利。

然而，我们现在所要研究的是人类的制度问题，不难了解，如果大权在握、侵占契约一切利益的法官仍然有抛弃职权的权利，那么为首领所有错误买单的人民似乎更有理由抛弃与其之间从属关系的权利了。然而，这一危险权利必然会带来恐怖的纷争与无尽的骚乱，这些纷争和骚乱能够比其他任何事情都更好地表明：人类政府是多么地需要除单纯理性外的一个更加坚实的基础；以及集体的安宁是多么地需要神祇的介入，以给予至高权力神圣不可侵犯的面孔，从而剥夺人民拥有对最高权力自由处置的这一致命权利的可能。

宗教固然有它自身的弊端，但即使它只为人类做了这一件好事，这件好事也足以让它获得人们的热爱与信仰，因为它所挽救的人类的鲜血，比因宗教狂热而流的鲜血要多。不过，还是让我们回到假设的主线上面吧！

政府的不同形态起源于在其成立之初存在于个体之间或大或小的差异。当出现一个在能力、道德、财富和声望等各方面均表现突出的个人时，这个人会被选举为法官，而国家则变成君主制；当好几个旗鼓相当的人一起优于其他所有人时，他们将被同时选举，贵族政府应运而生；而那些财富和智慧并不是那么均衡，离自然状态最接近的人则一同管理政府，从而形成了民主国家。这些不同形态对人类而言孰优孰劣还有待时间的检验。有的人只需要遵守法律，有的人则很快地服从于主人；公民希望保持自由，而臣民则一心想着夺走邻居的自由，因为当别人拥有他们不再享有之物时，这会令他们痛苦不堪。总之，一边是财富与征服，而另一边则是幸福与道德。

在这些不同的政体中，所有法官一开始都是通过选举产生的。被选之人首先要经得起财富的诱惑，然后需要考察的是他们的功绩和年龄。功绩可按照自然排序进行选择，而年龄的增长可以促使他们积累处事经验和在审议中保持铁面无私的面孔。从希伯来人的"长者"（Anciens），到斯巴达的"元老"（Gérontes），再到罗马的"元老院"（Sénat）以及我们语言中的"领主"（Seigneur）

的词源，所有这些无一不在诉说着年龄在这一行业是多么地被重视。然而，被选举之人越是年迈，选举的次数就越是频繁，慢慢地，人们便感受到了其中的弊端，于是诡计开始引入，乱党开始形成，党争变得激烈，内战开始吹响号角，最后人民的鲜血被用来祭奠所谓的国家的幸福，而人类则濒临初始的无政府状态。就在这时，有野心的权贵们往往利用这种情况，将职位永远把持在自己家族手中。人民已经习惯了依附、安宁和生活的便利，由于他们已经无法挣脱手腕上的铁链，便索性同意增加自己的被奴役程度，以巩固自己内心的宁静。

就这样，首领变成了世袭制，并习惯于将法官这一职位视作家族的财产，将自己视作国家的拥有者，尽管一开始他只不过是一名小小的官吏。这样，他们也就习惯于将同胞视作自己的奴隶，将他们视作隶属于他的按头计算的牲口，并且将自己比作像上帝那样的王中之王。

如果我们从这些不同的变革中去寻找不平等发展的足迹，我们会发现**法律和私有财产权的形成是不平等形成的第一阶段**；**法官的设立是第二阶段**；而第三个也是最后一个阶段，则是**合法权利向专制权力的转变**。因此，第一个阶段催生的是贫富的差距，第二个阶段造就的是强弱的悬殊，而第三个阶段诞生的则是主人与奴隶的对立。主人与奴隶的对立正是不平等的最后阶段，是所有其他不平等终将抵达的彼岸。这一阶段将一直持续，直到新的革命将政府彻底瓦解或者使其向合法制度靠拢为止。

为明白这一发展进程的必要性，与其去考虑政治主体成立之初的动机，不如去探讨政治主体在执行过程中所采取的形式及其所产生的缺陷。因为使社会制度变得不可或缺的缺点同样会导致这一制度不可避免的滥用。姑且不谈斯巴达这唯一特殊的情形——在那里，法律格外注意儿童的教育，此外，莱格古士还创建了一套几乎无需用法律来辅助的道德标准——因为法律通常都不如情欲强大，因而只能克制人类，却无法将之改变，因此我们不难证明：如果所有未经堕落与变质的政府都能做到不忘初心，严格按照成立之初的目的行事，那么，这个政府的成立通常就不是必需的；在一个国家里，如果没有任何人规避法律、滥用司法，那么这个国家是既不需要法官也不需要法律的。

政治层面的区分最终必然导致公民层面的区分。随着不平等在人民与首领之间表现得日益明显，不久这种不平等在个人与个人之间也开始显现出来。它根据人们的情欲、智慧与境遇演变成上千种不同的方式出现在人类面前。一个法官如果想要窃取非法权力，他不可能不去拉拢亲信，然而这样他也被迫要向他们让出部分权力。此外，公民只有受到盲目野心的驱使才会自甘忍受压迫。由于他们更多地向下而不是向上看，对他们而言，统治比自由要来得珍贵。他们之所以同意戴上镣铐，为的只是有朝一日能够将这镣铐强加在他人身上。对于那些无心支配他人的人，人们是很难让他们屈服的。即使是最精明的政治家，最终也无法使那些一心只追求自由的人屈服。

但是，不平等在那些雄心勃勃和胆小懦弱的灵魂中肆意地蔓延着。这些人时刻准备着去碰碰运气，总是能够审时度势，几乎不加区别地根据情形的优劣来判断是统治还是服务。就这样，终于有一天，人民已经被迷惑到这种程度，以至于这时领导者只需要对最年少的人说上一句"让你和你的族人都变得显贵吧"，他便立即在众人面前显得尊贵起来，而且他也觉得自己变得尊贵了。他的后代在远离他的过程中会愈显尊贵。他想要成为显贵的梦想越是遥不可及、变幻莫测，最终的效果就越是明显；一个家庭中游手好闲的人越多，这个家庭就越是显赫。

如果从此处着手进入细节，我将能够轻易阐明，即使没有政府的干预，声望与权力的不平等是如何在个体[19]中变得不可避免的。因为当人们刚刚聚集到一个共同的社会中时，他们就被迫相互比较，并从他们不断地互相利用中被迫意识到他们之间的区别。这些区别有多种不同的分类，但是，财富、身份、等级、权力和个人功绩基本上可算作社会中的主要标准。因此，我将证明这些不同势力间是和谐还是纷争，将是一个国家运转好坏的最确切的标志。我将让大家看到，在这四种不平等的起源中，个人的品质是其他所有起源的源头，而财富则是它们最终将要达到的形式，因为财富可以对人类起到最直接的作用，而且易于交换，人们可以使用它轻易地得到其他的一切。通过这一观察，我将能够比较准确地判断每个民族距离其最初制度的远近，以及他们走向极端堕落的进程。我将论证那将所有人吞噬的对名望、荣誉和特权的普遍欲望是如何让人们进行着智慧与力量的练习与较量；它是如何刺激着我们的欲望，并让这一欲望迅速膨胀的；它是如何通过让人类陷入竞争、对立，甚至是沦为敌人，从而使无数有野心的人每日在竞技场内角逐，每天引发无数的挫败、成功与灾难。我将证明，正是这种希望博得关注的强烈欲望，与那几乎使我们丧失自我想要出人头地的狂热激情，使人类中间产生了优劣之分，产生了我们的道德与罪恶、学说与谬论、征服者与哲学家，简而言之，就是产生了为数不多的好事与数量众多的坏事。

最后，我还将论证，我们之所以看到少数权贵与富人位居权力与财富的顶端，而广大群众则在黑暗与苦难中卑躬屈膝，这是因为前者所享受的东西正是后者所丧失的东西，而且如果状态不被改变，这些群众一旦摆脱悲惨命运，那些享有这些权力和财富的人将快乐不再。

但是，这些细节只会出现在这样一本巨著里：这本著作将权衡所有政府相对自然状态下的权力所体现出来的利弊，在其中，人们将揭示迄今为止不平等所表现出来的不同面孔，并根据政府的性质及随着时间的流逝必然出现的革命来推断在未来的几个世纪里它可能出现的模样。

我们将会看到，民众为预防国外的威胁而使内心被一系列的谨慎想法压抑着，而他们在国内却被同样的措施压迫着；我们会看到，压迫将会变得越来越严重，而被压迫的人民却永远无法知道这种压迫有无尽期，也无法找到终止这一压迫的合法途径；我们会看到，公民的权利与国家的自由将逐渐熄灭，而弱者的抗议则将被视作具有煽动性的抱怨；我们会看到，政策将给予那些为国家共同事业而奋斗的人民荣誉，而这份荣誉仅限于小部分受雇佣的人；我们会发现，从这里便诞生了征税的重要性，泄气的耕种者即使在和平的年代也会选择离开他们的土地，丢下手中的犁头，准备投入战斗；我们会看到，那有关荣誉等级的致命且怪异的规则从此诞生；我们会看到，那些祖国曾经的保卫者迟早将成为国家的敌人，不断地在公民面前挥舞着拳头；然后终于有一日，我们会听见他们对国家的压迫者说道：

> 如果你命令我将利剑刺入我父亲的胸膛，
>
> 刺入我怀孕妻子的腑脏，
>
> 我终会完成你的命令，
>
> 尽管我的臂膀它在反抗。[1]

从财产与社会地位的极度不平等中，以及多种多样的欲望和才能、无用甚至有害的艺术以及毫无价值的科学中，诞生了

[1] 见《吕干诗集》，I，第 376 页。

无数的偏见。这些偏见都是与理性、幸福和道德背道而驰的。我们会发现，领导者会不遗余力地鼓吹各种想法，从而分裂那些聚集起来的人类，削弱他们的势力；煽动所有那些足以让社会出现和谐的假象，实则播下分离的种子的思想；策动所有那些能够将不同等级的权力和利益对立，使他们之间产生间隙与憎恨，从而进一步巩固它遏制各方势力的权力的措施。

正是在这些骚乱与变革中，专制国家抬起了它卑鄙的头颅。它贪婪地吞噬着国家各个部分美好且健康的东西，直至践踏法律，蹂躏民众，最终在共和国的废墟上拔地而起。在最后一次变化之前的时期，必然是一个充满骚乱与灾祸的年代。但是最后，所有东西都将被这头怪物所吞食，人民从此不再有首领，也不再有法律，拥有的将只有暴君。也正是从这一刻开始，事情不再关乎道德和美德，因为在所有被暴政统治的地方，"谁也不能希望从忠贞中得到什么"[1]。专制政治是不允许有任何其他主人的，也不需要征求他人的同意，而对于奴隶而言，盲从就是他们唯一的美德。

这里便是不平等的最后阶段，是让我们回到出发点，将整个回环闭合的终点。在这里，所有个体之所以重新恢复平等，是因

---

[1] "谁也不能希望从忠贞中得到什么"这句话，仿照弗昂的说法，也许是由塔西佗的"谁也不能从良好秩序中得到什么"（见塔西佗所著的《历史》，I，21）这一句话转变而来的。

为他们现在什么都不是。臣民除主人的意志外没有任何别的法律，而主人则除自己的欲望外没有任何别的规则。这样，有关好的概念及正义的原则再次消失。在这里，一切又回归到强者法则，因而也回到了一个新的自然状态。但是，这个新的自然状态与我们出发时所说的自然状态不尽相同：后者是一个纯洁的自然状态，而前者却是过度堕落的结果。

然而，两种状态之间的差异是那么地小，而且政府的契约那么轻易地被专制废弃，以至于暴君只能在其保持最强的状态时称王，而一旦人们有能力将其驱逐，他也没有理由去抗议别人的暴力。杀死君王或者将其赶下王位的起义行动，与暴君任意处置其臣民的生命与财产的行为同样合法。暴力让其保住王位，同时也是将其推翻的力量。因此，所有事情依旧按照自然规律运转着，无论这些短暂而又频繁的革命事件性质如何，任何人都无法抱怨他人的不公，而只能怪自己的不小心与不幸。

曾将人类从自然状态带到文明状态的那些道路已然被遗忘和丢失了，如果细心的读者这样去发现和追溯这些道路，并将我因时间仓促而省略了的，或者因想象力所不及而没想到的状态，用思考把它们恢复，他们一定会被那横亘在两个状态之间的广阔空间所震撼。

正是在事物的缓慢更替之中，他们将可以找到那些就连哲学家们都束手无策的有关道德和政治问题的答案。他们将感受到，时代在变，人也在变，而在第欧根尼 *Diogène*[1] 那里，所拥有的所有财产只包括那个木桶、一件斗篷、一根棍子和一个面包袋。有一次第欧根尼正在晒太阳，这时亚历山大大帝前来拜访他，问他需要什么，并保证会兑现他的愿望。第欧根尼回答道："我希望你闪到一边去，不要遮住我的阳光。"亚历山大大帝后来说："我若不是亚历山大，我愿是第欧根尼。"之所以没有找到真正的人类，正是因为他企图从同代人当中寻找那已逝年代的人类。他们一定会这样说：

"加图 *Caton*[2] 之所以已随罗马与自由死去，这是因为他生错了年代，假使他在五百年前便掌握了统治权，这位最伟大的人恐怕是会震惊世界的。"

总之，读者们将能够解释，人类的灵魂与情欲是如何在缓慢的变化中改变了原有的本质；为何随着时间的流逝，我们的需求与乐趣会改变目标；为何原始人会逐渐消失，而社会呈现在智者面前的只不过是不自然的人类与虚假的情欲的集合，虽然这样的人类与情欲只不过是这些新关系的产物，在自然中没有任何真实的基础。

〔1〕古希腊哲学家，犬儒学派的代表人物。他的真实生平难以考据，但古代文献中留有大量有关他的传闻轶事。其中，最为人熟知流传的，就是说第欧根尼住在一个木桶（亦说是装死人的瓮）中的事。
〔2〕通称为老加图或监察官加图，以与其曾孙小加图区别，罗马共和国时期的政治家、国务活动家、演说家，公元前195年的执政官。

在这一问题上，我们由思考而观察到的东西，已经完全被我们的观察所证实。野蛮人与文明人在倾向深处是那么地不同，以至于给予文明人至上快乐的东西，却会使野蛮人陷入深深的绝望。野蛮人向往的是安宁与自由，他只想生活得悠闲自在，即使是斯多葛主义式的平静也无法表达他那对所有事物发自内心的漠视。

相反地，那些始终保持活跃的公民却为找到更加费力的工作而不停地劳累着、焦躁着、痛苦着：他一生都在劳动，直至死亡。他甚至对此苦苦追寻，以让自己处于生活的状态，或者甚至放弃自己的生命，以求永生。他奉承着那些他憎恨的强者和那些他鄙视的富人；他不遗余力地献媚，以期得到伺候他们的殊荣；他傲慢地炫耀着自己的卑躬屈膝以及主人的保护，并以自己的奴隶身份为荣，同时轻蔑地谈论着那些无福享受这些荣誉的人。要是让加勒比人知道欧洲公民向往艰辛的劳动，他们该会多么地震惊啊！这种悠闲的野蛮人宁愿接受多少种残酷的死亡，也不愿意过这样一种生活！对这种生活的恐惧，即使有施展抱负的快乐，也往往不能得到缓和！而且那个悠闲的野蛮人为了解如此劳神的目的何在，"权力和荣誉"这些词必须在他脑海里有一定的意义；他得知道有一类人出于某种原因重视全世界所有人的目光，他们更多地是通过别人的赞许而不是自己的肯定来对自己感到满意。

事实上，这便是导致所有差异的真正原因了：野蛮人过着他自己的生活；而社会人则只生活在他人的意见中，因此，他也只有在他人的评价中才能找到自身存在的意义。

鉴于已经存在许多有关道德的精彩论说，我并不打算在这里连篇累牍地论证在这样一种机制下，对善与恶的极度冷漠是如何产生的；我也不打算去讨论所有事物是如何流于表面，变得虚假与不自然的；我也不打算去描述我们如何最终找到以荣誉、友谊、美德甚至是罪恶本身为荣的秘诀；总之，我不会去探讨当人们只是一个劲地去问别人自己是谁，而从不敢问自己的内心时，他们尽管身处如此多的哲理、人性、礼节和崇高的哲言中，为何却只能空有一副骗人的、浅薄的外壳，只能拥有没有美德的荣誉、没有智慧的理性，以及没有幸福的享乐。

我只需要证明：这并不是人类原始的状态，正是社会及其孕育的不平等精神改变和歪曲着我们所有的自然倾向。

我已经尽力阐述不平等的起源与发展，以及政治社会的形成与滥用。我所论述的这些事物，尽量从纯粹的理性之光中推导出来，而不依靠那些神圣的教条，那些使最高权力得以制裁神权的教义。

从这一阐述出发，我们可以得出：不平等在自然状态下几乎不存在，其发展与壮大产生于人类天赋的发展与精神的进步过程中，最后随着私有制与法律的形成而稳定下来，变得合法。

我们还可以得出：仅为实证法所认可的精神上的不平等，每当它与生理上的不平等不相称时，便与自然法相抵触；这种不相称足以决定我们对流行于一切文明民族之中的那种不平等应该持什么看法[1]，因为无论我们以何种方式定义不平等，无论是一个孩子支配一位老人，还是一个笨蛋操纵一位智者，或是少部分人财物有所盈余，而大部分人却食不果腹，所有这些都是明显与自然法背道而驰的。

[1] 卢梭经常引用布冯 *Buffon* 的论据，下面这个没有被他引用的段落，同样可以支持他在文章中的观点："野蛮人是所有动物中最独特、最神秘、最难以描述的一个；但是，由于我们无法区分什么是大自然赋予人类的特征，什么是教育、模仿和范式给予我们的特征，或者我们将两者混为一谈，以至于当一个具有野蛮人肤色和自然特征的人出现在我们眼前时，即使我们无法辨认出来，也不足为奇。"看见一个真正野蛮的野蛮人……对于哲学家而言应该是非常奇特的一幕：通过观察这个野蛮人，他将会见识到胃口的力量；他将看到一个毫无遮掩的灵魂；他将分辨出所有自然的行为，然后从中看到野蛮人内心比他自己更高一筹的温存、平静和安宁；他或许还会清晰地看到，美德更应该属于野蛮人，而不是属于文明人，而所有罪恶只有在社会中才会生根。"（节选自《自然史》，"人类的变种"一章）

注释
卢梭注于讲稿完成后

1. 据希罗多德 *Hérodote* 所述，在斯麦尔第斯 *Smerdis* 被杀后，波斯的七位解放者聚在一起商讨他们将要在这个国家建立的政府形式。奥达奈斯 *Otanès* 坚决主张建立共和国。这个想法从一位总督口中说出是非常令人惊奇的，因为除了他本人可能对权威有所向往外，对于一般显贵而言，一个被迫尊重人类的政府甚至比死亡更可怕。正如我们所料，奥达奈斯的意见并未被采纳。眼看着人们就要着手选举君主，他这样一个既不想服从又不想命令的人自然主动将自己对王位的权力让给了其他竞争者，而他所要求的所有补偿不过是让他自己及其后代能够自由、独立地生活。最后，他的要求得到了满足。尽管希罗多德并没有告诉我们对这一特权所加的限制，但是这个限制却是必需的，否则的话，奥达奈斯既不承认任何形式的法律，也不需要受限于任何人，在这个国家他将成为最有权力的人，手中的权力甚至超过国王。但是，在此种情形下，一个能够满足于这样一种特权的人，他是几乎不可能滥用这种权力的。事实上，我们也最终发现，无论是贤明的奥达奈斯还是他的子孙们，都没有利用这种特权在王国里造成任何骚乱。

2. 在写论文之初，我便充满信心，以那些备受哲学家们推崇的权威学说为依据，因为这些权威学说源自只有这些哲学家们才能够发现和感觉到的坚实而又崇高的理性。

"无论我们对于认识自己有多么地关心，我都不知道我们是否对于身外的一切事物反而认识得更为清楚。我们的器官原本只是用来保证我们的自我保存，而我们却只将它们用于接收外来印象，一心想着往外走，游离于我们之外而存在。我们每天忙着增加感官的功能，增加我们存在的外部范围，却极少使用这个内部感觉。然而，只有这个内部感觉才能够让我们回到自己的真正维度，将所有不属于我们的东西与我们隔离开来。因此，如果我们想要认识自己，我们必须使用这一内部感觉，因为只有通过这一感觉我们才能够对自己做出评价。那么，如何使这一感觉变得活跃，并使它全面发展呢？如何将灵魂——内部感觉即存在于灵魂之中——摆脱我们精神上的幻觉呢？我们已经失去了使用灵魂的习惯，它被埋藏在肉体感觉的躁动中，得不到应有的训练，在我们激情之火的燃烧下变得枯竭、憔悴，同时被心灵、精神以及各种感觉不断地侵蚀着。"[1]

3. 长期直立行走给人体构造带来的变化，人们仍然能够观察到的人类的双手与四足动物的前腿之间的联系，以及人类的行走方式，从所有这些迹象中得出的结论都会使我们对那些表面看来再自然不过的事物产生怀疑。所有孩子一开始都是爬行前进的，为学会直立行走，他们都需要我们的示范和教导。甚至还存在一些野蛮民族，他们任由自己的孩子四肢爬行，时间长了，他们才发现自己已经很难将他们纠正。非洲南部的黑人部族霍屯督人是这样，安的列斯群岛的加勒比人也是这样。事实上，还有很多四肢行走的人类的例子，我在这里就以黑塞 Hesse 于 1344 年找到的那个狼孩为例。这个孩子从小在狼群中长大，后来，他在亨利王的王宫中经常说道，要是他能够完全自主的话，他更愿意回到狼群中，而不想与人类一起生活。他已经如此习惯于动物的行走方式，以至于如果要让他学会直立，就必须在他身上绑上木块，以让他的双脚保持平衡。1694 年从立陶宛的森林中找到的那个与熊一起生活的孩子也是一样的情况。孔狄亚克如是说道："他没有表现出任何理性的迹象，用双手与双脚行走，没有任何语言，

[1] 毕丰著，《关于人的博物学》，第四卷，"人的本性"，第 151 页。

就连发出的声音都与人类发出的声音没有半点相像。"许多年前，被带到英国王宫里去的那个汉诺威野孩子，为适应直立行走饱尝了世间所有的痛苦。1719 年，人们在比利牛斯山脉又找到两个野人，他们像四足动物那样穿梭于大山之间。有人认为，上述情况是人们对有如此多用处的双手舍弃不用的缘故。至于如何反驳这一观点，猴子就是现成的反例。这一动物很好地向我们展示了双手用作这两个途径的可能性。除此之外，这一说法只能证明人类能够给予他们的肢体比自然的赋予更加方便的用途，而不能得出人类以不同于自然赋予他们的方式行走是自然所决定的结论。

但是，在我看来，似乎存在着许多更好的理由来支撑人类是直立动物的观点。首先，即使有人能够指出，人类一开始的习惯不同于我们今日见到的情形，但是最终变成了今天的样子，这样也不足以使我们得出结论，认为人类就是这样进化过来的。因为，在列举出这些变化的可能性后，为使我们承认这一结论，至少还得指出这些变化的真实性。此外，如果说人类曾经在必要的时候将胳膊当作腿来使用，但是这也只是支持这一观点的唯一现象，而与之相悖的现象却比比皆是，主要包括：第一，人类的头部与身体结合的方式使他在直立行走时能够保持水平的视线，但是若四肢爬行，就不能像其他动物那样拥有水平的视线了，而是只能将眼睛死死地盯在地面上，这可是对个体自我保存非常不利的情况；第二，人类没有尾巴，所以他必须直立行走，因为尾巴对于一个四足动物而言至关重要，没有任何一种动物没有尾巴；第三，女性乳房的位置刚好适合她们将孩子抱在怀里，但是这一构造却对四足动物非常不利，没有任何一种动物的乳房是长在这个位置上的；第四，人类的后躯相对于前腿过高，从而导致当人类四肢爬行时会碰到膝盖，这对于一个动物而言便是比例失调，行走起来非常不便；第五，如果要人类将脚和手摊开，那么他的后腿应该比其他动物少一个关节，即连接胫和胫骨的关节；同时，如果只踮起脚尖，正如他可能被迫做的那样，他的跗骨由于无法保证它所包含骨头的多样性，因而要想代替胫，似乎显得粗壮了些，而它与跖和胫骨之间的连接又太近，使得在这种情况下，人类的腿无法像其他动物的腿那样灵活。

其次，在他们所列举的例子中，那些孩子的年龄都太小，大自然的力量还没有得到发挥，而肢体也尚未变得结实，因此这些例子什么也证明不了。如果这样，我同样也可以说：狗是天生不会行走的动物，因为它们出生后数周都只会爬行。特殊事件无法推翻普遍实践，这些实践是为全人类所认可的，甚至也是为那些从未与外界接触，因而没有任何模仿行为的种族所认可的。一个尚未学会行走的小孩被遗弃到森林，然后被某个畜生养大，这个孩子可能会按照养育者的模样，练习它走路的方式；习惯会给予他一些能力，但是这些能力绝对不是来自自然；正如一些企鹅经过不懈努力尚且能够像我们使用双手那样使用它们的双脚，他为什么就不能将他的手用作脚呢？

4. 如果在读者朋友中出现某个肤浅的自然科学家想要提出反对意见，反驳这一关于土地自然肥沃的假设，我会引用下面这段话回答他：

"由于植物从空气和水中提取的营养物质比它从大地中获取的物质要多，因此，当这些植物腐烂时，它们能够给予大地的比其从大地中得到的要多"，"此外，森林能够通过拦截蒸汽，使之液化为雨水，然后形成江河。因此，在那些人迹罕至、保存完好的树林里，供植物生长的土层大大加厚。但是，动物能够给予大地的却比它从大地汲取的要少，况且人类还大量地消耗树木和植物，用来生火或者用作其他用途。这样一来，在那些有人居住的国家，供植物生长的土层必然逐渐变薄，最终变成像阿拉伯·彼特里亚和东方许多其他地方的土地那样贫瘠。事实上，东方的土地是最早居住人的地方；但是现在，那里有盐和砂石了，因为植物和动物中的盐分凝固存留下来，而其他所有部分都蒸发了。" [1]

在此基础上，我还将加入以下事实佐证：近几个世纪发现的荒岛几乎都密布着各样的树木和其他植物，他们的数量即最好的证明；此外，历史也让我们看到了茂密森林曾经存在的迹象。那时为了让人口增加，并且使人开化，人们不得不砍掉地面上一望无际的植被。此外，我还将强调以下三点：第一，如果存在一种

---

[1] 出自德·布冯先生，《博物学》中"土地理论的实证"一章。

植物能够补偿动物对植物的消耗，根据德·布冯先生的论证，这种植物的树梢和树叶应该能够从水和水蒸气中聚集和获取比其他植物更多养料；第二，土地的破坏，即适宜植物生长的物质的流失，会随着土地不断被耕种以及日益勤劳的居民更大量地消耗各种产品而不断加剧；第三点，也是最重要的一点，树木的果实能够为动物提供比其他植物更加丰富的食物。我曾亲自用两块同等面积和质量的土地（其中一块地种栗树，而另一块地则种麦子）做过对比实验。

5. 在四足动物中，肉食动物有两个最普遍的特征：一个是牙齿的形状，另一个是肠道的构造。仅以植物为食的动物牙齿多为扁平状，如马、牛、羊、野兔；而肉食动物的牙齿则是尖锐的，如猫、狗、狼和狐狸。对于肠道而言，在食果动物体内存在着一些食肉动物没有的肠子，如结肠。因此，鉴于人类的牙齿和肠道的构造都与食果动物相似，人们似乎完全有理由将其划分到这一行列。

对于这一点，不仅解剖学观察可以证实，就连那些古代的典籍也能为此提供佐证。圣·热罗姆 Saint Jérôme 说："据迪西亚库 Dicéarque 在其所著的《古希腊丛书》中的记载，在农神萨图恩 Saturne 统治时期，土地本身就是肥沃的，那时没有一个人食肉，所有人都以自然生长的水果和蔬菜为食。"（《对若维尼安教派的答辩》，第二卷）此外，这一点还可以在许多近代旅行家的记载中找到根据。其中，弗朗索瓦·柯勒阿 *François Corréal* 就曾指出，被西班牙人迁移到古巴岛、圣多明哥岛以及其他地方的巴哈马群岛的居民们，大部分都因为食肉而丧生。由此可以看到，我还忽略了一些对我的说法非常有利的论据。因为猎物几乎是所有食肉动物所争抢的唯一目标，而食果动物却能够和谐地生活在持续的安宁之中。如果人类属于后者，那么非常明显，他将更容易在自然状态下生存，而并没有那么需要而且也没有那么多的机会离开这一状态。

6. 所有需要思考的知识，所有只有通过概念的积累才能获得并且逐渐完善化的认知，似乎都是野蛮人所无法企及的。因为野蛮人与同类之间没有任何交流，既没有交流的必要工具，也没有必须交流的强烈需求。他的知识和技能仅仅局限在跳高、奔跑、搏斗、投掷石头和爬树等方面。尽管他只会做这些事情，但是他做起来可比我们要好得多，因为对于这些事情，我们没有他同样的需求。由于这些技能只需要身体的训练而不需要任何交流，从一个人传到另一个人也不需要有任何的进步，因此最初的人可能和他最后的一代人拥有完全相同的技能。

在那些旅行者的叙述中充斥着描述生活在野蛮部落的人们的力量和精力的例子，其中不乏对他们的敏捷和轻快的夸赞。由于人们只需要用眼睛便能够观察这些事情，我们没有任何理由不相信这些被目睹的事实。在这里，我将随便举几个我早前翻阅过的书籍中的例子：

考尔邦 *Kolben* 说道："非洲南部的黑人部族霍屯督人比住在好望角的欧洲人更加精于捕鱼。他们在使用渔网、鱼钩和鱼叉等方面表现出了相同的灵巧。此外，他们在徒手捞鱼方面也毫不逊色。他们游泳时表现出来的灵活度无与伦比。他们拥有自己独特的泳姿，令人称奇。当他们游泳时，他们保持身体直立，双手摊开置于水面之上，使得他们像是在陆地上行走似的。当大海泛起最汹涌的波涛，波涛形成成群的山水时，他们几乎就是在波浪的浪尖上翩翩起舞，像一块软木似的上下起伏着。"

作者还说道："霍屯督人在捕猎方面也表现出了出人意料的敏捷，他们在跑步时表现出来的轻快超出人们的想象。"他感叹道，通常情况下，他们都不滥用自己的敏捷，然而偶尔也有例外，看看他给出的这个例子我们便一目了然了，他说道："一个从好望角下船的荷兰水手带着一个霍屯督人跟他一起来到了一个村庄。这个霍屯督人手里拿着重达 20 磅的烟卷。当这二人离部落还有一定距离时，霍屯督人问水手是否会跑步，只听见荷兰人爽快地回答道：'跑步？当然！这可是我的强项！'非洲人接着说道：'那我们走着瞧！'话音刚落，他便随着烟卷一道消失得没了踪影。水手被这不可思议的速度给惊呆了，甚至忘记了起身追赶。就这样，从此后，他再也没见过那个烟卷，也没有见过那些拿着烟卷的人。

"他们的视力如此灵敏，身手如此矫健，以至于欧洲人根本无法靠近他们。在百步之遥的距离，他们可以用石头击中半个铜元大小的目标。最令人称奇的是，他们与我们不一样，不会用眼睛去瞄准目标，而是不断地移动着，同时扭动着身体。他们手中的石头似乎是被一只无形的手扔出去的。"

勒·杜泰尔特神父 Le P. du Tertre 讲诉的有关安的列斯群岛野人的故事与我们刚刚所说的有关好望角霍屯督人的故事大同小异。在文中，作者尤其称赞了他们用箭射杀空中的飞鸟及水中的游鱼的精准度。在射中鱼后，他们还会跳进水里把射死的鱼取出来。北美洲的野人在力量和灵敏度方面丝毫不逊色。下面这个例子将让我们看到南美洲印第安人在这些方面表现出来的优势：

1746 年，布宜诺斯艾利斯的一个印第安人被发配到加的斯去服苦役。他向总督提议说，他情愿在一个大众节日上冒生命的危险，来赎回自己的自由。他约定独自一人，不使用任何武器，手里只拿着一根绳子，与一头最凶猛的公牛搏斗。他要将这头公牛制服，并在人们所指定的地方用绳索将它套住，以便捉住它。他要给它准备好鞍子，套上笼头，然后骑在上面，再与另外两头从斗牛场里放出的最凶猛的公牛决斗，只要人们一声令下，他便能够将它们一一杀死，整个过程不需要任何人的帮助。后来，总督同意了他的请求，印第安人也信守了诺言，完成了所有他做出的承诺。要想知道他是如何做到的，以及战斗的所有细节，详情请参考戈耶先生 Gautier 所著的《关于博物学上的考证》12 开本，第 1 卷，第 262 页。这段故事正是出自此书。

7. 布冯先生说过："马的寿命与所有其他动物物种一样，与它们的发育时间成正比。人类的发育期有十四年，寿命是发育期的六到七倍，因此可以活八十到一百岁。而马的发育期仅有四年，寿命同样是发育期的六到七倍，因此可以活二十五到三十岁。基本上所有动物都符合这一规律，不符合的情况少之又少，我们甚至不应该将之视作可以影响结论的例子。由于肥马的发育时间少于瘦马，因此它们的寿命也不如瘦马长，在十五岁时就已经老了。"（《关于马的博物学》）

8. 我认为自己发现了肉食动物与果食动物之间的一个更加普遍的差异，这个差异比我之前在注释5中提及的区分还要普遍，因为这一区分将范围扩大到了鸟类。这一差异主要体现在孩子的数量上面。对于那些只以植物为食的动物，它们每胎生下的孩子数量不会超过两个，而通常情况下，肉食动物却远远超过这一数量。

在这一点上，我们从乳房的数量上便可以轻易地洞悉大自然的用意：第一类物种的雌性只有两个乳房，如母马、母牛、母山羊、母鹿、母羊等；而在其他雌性动物身上却往往有六个或者八个乳房，如母狗、母猫、母狼、母老虎等。母鸡、母鹅、母鸭，以及鹰、雀鹰、猫头鹰等食肉鸟类也会产卵，并且可一次性孵化很多蛋。但这种情况永远不会发生在鸽子、斑鸠以及所有那些只吃谷物的鸟类身上。这些禽类每次至多只能生产和孵化两只蛋。能够用来解释这一差异的原因是：只以草和植物为食的动物几乎将每天都耽误在食物上面，它们被迫使用很长时间来填饱肚子，因而无法同时喂养好几个孩子；而食肉动物却几乎可以在一瞬间填饱肚子，因此它们可以更加轻易地频繁往返于孩子与捕猎地之间，从而弥补如此大量的奶水消耗。

当然，对于所有这些，我们还能够做出很多其他的观察和思考。但是，我在这里就不加赘言了，因为在这一部分，我只需要论证出大自然最普遍的体系。正是这一体系进一步印证了应该将人类排除在食肉动物之外，而将其纳入在食果动物行列的观点。

9. 一位非常著名的学者曾经通过计算人类生活的幸福与苦难，然后将两者的总数进行对比，最后得出痛苦大大地超过幸福的结论；而且，总的说来，生命可以说是自然给予人类的一个糟糕的礼物。我对这一结论毫不吃惊，因为他所有的结论都是从文明人的结构中得出的。

如果他能够一直追溯到自然状态，我们可以预见他将得到非常不同的结论。他将会发现，人类所受的痛苦无非是自作自受，那么，他对大自然也就没有什么可以指摘的了。而且，我们将自己变得如此不幸的过程可不是一帆风顺的。一方面，我们观察到人类浩瀚的工作：如此多高深的科学，如此多发明的艺术，如此多被使用的人力——被填平的沟壑，被削平的山峰，被敲碎的岩石，被疏通的河流，被开垦的土地，被凿出的湖泊，被沥干的沼泽，地面上拔地而起的成群建筑，以及大海上乘风破浪的船帆和水手；但另一方面，我们又会通过思考，去寻找所有这些对人类幸福带来的真正好处。我们最终只会被那统治万物的惊人的不平衡所震惊，为人类的盲目而哀恸，他们沉浸在自己疯狂的骄傲与我无法言说的某种对自我的欣赏之中，炽烈地追逐着所有自己可能遭受的苦难。而这些苦难，却是仁慈的大自然已经为人类避开的。

人类是邪恶的，那些令人悲哀的持久的经验便是证明；但是，人类的天性又是善良的，关于这一点，我想我已经证明。那么除了人类结构突如其来的改变，以及他们后天获取的进步与知识外，还有什么会使他们变得如此堕落呢？人们想要怎样赞美人类社会就怎样赞美吧，可是无论如何这个社会必然是堕落的，人们的利害关系越是错综复杂，相互忌恨的心理便越会增长。从此，人们表面上互帮互助，实则无所不用其极地自相残杀。

在人与人的这种交往中，每个个体的理性都给自己指定一些准则，而这些规则与公共理性赋予社会主体的规则却背道而驰；这样一来，在这种交往中，每个人都在他人的不幸中寻求自己的利益。我们会如何看待这样一种交往呢？或许没有任何富裕的人不会遭受其贪婪的继承者（通常是他的亲生子女）默默的诅咒；没有任何一次海难不对某个批发商而言是大好的消息；没有任何一个恶意的债务人不希望放置借据的屋子连同借据一起被付之一炬；没有任何一个民族不庆幸它的邻族的灾难。就这样，我们从同类的损失中获得利益，一个人的损失总是能造就另一个人的幸运。

然而，最为危险的却是，集体性灾难成为一大群个体的期待与希冀。有的人盼望着疾病；有的人等待着出现大量死亡；有的人想要的是战争；有的人等待着饥荒。我曾经看见一些可恶的人，在丰衣足食的年份，竟然痛哭流涕。那场造成重大财产损失甚至夺走数条人命的伦敦大火灾却为上万人提供了机遇。

我知道蒙田 *Montaigne* 曾指责过一位叫戴马德 *Démades* 的雅典人，因为这个雅典人曾经惩罚过一个通过高价出售灵柩赚取死人钱财的工匠。但是，蒙田当时所主张的理由是不应当只惩罚那个工匠，而应当惩罚世上所有人。很明显，这一理由与我的观点完全相符。

因此，我们应当透过彼此间无聊的表面上的亲近来了解内心深处的想法。让我们去思考，当人类被迫相互示好，同时又相互摧毁时；当他们生来由于义务而变成敌人时；当他们为了利益而变得狡诈时，这该是何等的世态？如果有人告诉我，社会就是这样组成的：每个人通过为他人服务而让自己有所得。我会回答说：那当然是很好的，如果他不损害他人，还能得到更多利益。然而，非法所得的利益总是超出合法所得利益，对同类的损害总是比为他们服务来得更加有利可图。从此，人们所追求的将只是得以逍遥法外而不受惩罚。这正是所有强者利用所有武力、所有弱者使出一切诡计所想要达到的。

野蛮人一旦吃饱喝足便能够与大自然和谐共存，成为所有同类的好朋友。那么，他们会偶尔出现争夺食物的情况吗？事实上，在没有将战胜他人与到别处觅食之间的困难做比较前，他绝不会心血来潮做出冲动的决定。同时，由于自尊心并未介入战斗之中，最后他至多也就是挥上几拳。结果是胜利者能够有东西吃，而战败者则必须到他处寻找机会，整个过程都是平静缓和的。

然而，对于社会中的人类，情境就大不一样了。他一开始追求的是获得生活必需品的能力，继而演变为获取剩余的能力，然后，他从中体会到了乐趣，接着获得了无限的财富，然后，他变成了臣民，最后再沦为奴隶。他没有任何喘息的机会，最为奇特的是，需求越是不自然与不紧迫，激情就越是高涨，同时更糟糕的是，为满足这些激情的能力就越是强大。这样一来，在很长一段繁荣时期过后，在耗尽无数财富、蹂躏过许多人类后，我的主人翁终于要扼杀一切，直至成为全宇宙的唯一主人。这即便不是人类生活蓝图的概况，也应当是人类道德蓝图的缩影，或者至少是所有文明人内心深处的隐秘奢望。

请你毫无偏见地对比文明人与野蛮人的生活状态，如果你愿意，你还可以去研究，文明人除了他的邪恶、需求和灾难外，他是如何向痛苦和死亡敞开了大门。你会观察到令我们难以忍受的精神痛苦，让我们因筋疲力尽而变得悲哀的强烈激情，压在穷苦人民身上的过度工作以及令富人们沉溺其中、使一些人因缺乏它而死亡，而另一些人却因享受过度而丧命的更加危险的安逸生活；你会想到各种食物超出寻常的混合、有毒的作料、腐烂的食物、掺假的药品以及所有那些售卖假药者的诈骗、医生处方的谬误、配制药剂所用的各种有毒器皿；你会注意到那些在人口聚集地由于空气不流通而导致的流行性疾病；那些由于我们过分考究的生活方式，由于室内室外温度的悬殊，由于增减衣服太过不小心以及由我们所追求的一切肉体享受（这种享受随后变成了必要的习惯，当对这一习惯稍有疏忽或不能满足时，往往会使我们丧失健康或生命）所导致的各种疾病；如果你注意到那些烧毁或摧毁整个村庄，在短短一个月内造成上千人丧生的火灾和地震；总之，如果你将所有这些原因在我们脑海里持续形成的危险联系起来，你将会感受到因我们忽视大自然而付出的代价是多么地惨重。

在这里，我就不重复那些有关战争的事情了，这些内容我在其他地方已经有所提及。但是，我希望那些了解情况的人愿意或者敢于向公众披露哪怕一次那些粮食公司老板或者医院负责人在军队中造成的恐慌的细节。这样一来，我们会看到，他们那些并不是非常隐秘的手段令最出色的军队也会迅速消亡。这对士兵的打击甚至大于铜墙铁壁般的敌人的大面积屠杀。这样造成的死亡人数甚至也超过了每年被大海吞没的罹难人员，这些人要么死于饥饿，要么死于坏血病，要么遭遇海盗袭击，要么死于火灾或者海难。非常明确的是，所有那些谋杀、下毒、拦路抢劫，乃至对这些犯罪行为的惩罚，也都应该归咎于建立起来的私有制，从而应当归咎于社会本身。这些惩罚措施对于预防更大的危害必不可少，可是即使对一个人的谋杀需要两个或者多个人偿命，这实际上不过是加倍了人类的损失。此外，还存在着多少阻止人类出生、欺骗自然的可耻行为呢？这些行为，是侮辱大自然最迷人作品的残忍堕落的嗜好，这种嗜好是不为野蛮人或者任何动物所知的，它是诞生于文明社会里的一种腐朽的想象力：或者是秘密的堕胎，这一放荡与堕落的必然产物；或者是溺婴抑或弃婴，无数婴儿成了父母贫困潦倒的牺牲者或者母亲粗俗羞耻的受害者；最后，或者是对那些不幸之人的阉割，他们的一部分生命和整个后代，都为虚妄的歌谣而牺牲，或者更糟糕的是，为某些人残酷的嫉妒心而牺牲——在这种情形下，无论是从受阉割者本身的遭遇来看，还是从他们被使用的目的来看，这种方法都是对自然的双重侮辱！

但是，如此多凭借父权公开地侮辱人道的情况，难道不是更常见而且更危险的事情吗？在父亲粗暴的压制下，有多少天才被埋没，有多少儿女意志不得自由！有多少人在情况允许时本可以出人头地，却一头栽到与自己的兴趣大相径庭的情境中，悲惨而屈辱地过完一生！在那种始终与自然秩序相违背的社会条件下，有多少幸福的婚姻因为男女地位的悬殊而被拆散或者遭到干预，又有多少贞洁的妇女失去了可贵的贞操！甚至有多少忠诚贤德的夫妇，只因错配了婚姻而使双方痛苦不堪！有多少因为父母的贪婪而深受其害的不幸青年，每日沉溺于放荡的生活之中，在泪水中过着悲惨的日子，深陷在那些被他们内心所拒绝，却被金钱所推动的无法摆脱的关系中沉痛呻吟着！如果他们中有人，在野蛮的暴力还没有导致他们在罪恶或绝望中度过一生之前，凭借自己的勇气和美德从这种生活中脱离出来，那么这个人该有多么地幸福啊！永远可怜的父亲和母亲，请原谅我又勾起了你们痛苦的往事；但是，我希望你们的痛苦，能够为所有胆敢以自然的名义来侵犯自然最神圣权利的人，提供最为永久和可怕的借鉴。

尽管我在这里讨论的，只是那些由我们的社会制度所造成的不幸结合，但是这并不意味着我们可以就此认为，那些由爱情和同情心所主宰的结合没有任何缺陷。如果我试图呈现出从源头就已被腐蚀的人类，一直讲诉到他那最神圣的各种联系，那么情况又会是如何呢？在这样的关系中，人们只有在考虑财产之后才会去聆听自然的诉求；社会的紊乱模糊了道德与罪恶的界限；从此后，禁欲主义变成了罪恶的谨慎，而拒绝将自己的生命献给同类的做法却变成了人性的行为。但是，我并不打算揭开掩盖着如此多恐惧的面纱，我们需要做的仅仅只是将人类的"恶"指出来，以便他人为此寻找良方。

除了以上所说的一切不幸之外，让我们再加上那些会缩短生命、摧毁体质的对身体有害的职业。采矿工程，各种重金属和矿物质，尤其是铅、铜、汞、钴、砷、雄黄等的加工就属于这样的职业。此外，还有其他一些高危职业每天夺走大量工人的性命，这些工人要么是屋面工，要么是屋架工，要么是泥瓦工，要么是采矿工。当我们将所有这些因素集合起来时，我们会从社会的成立和完善中看到人类数量不断减少的原因所在。已经有不止一位哲学家观察到了人类数量减少的现象。

对于那些贪图个人享受和渴望他人尊重的人而言，奢侈的出现不可避免，这种奢侈很快地完成了在这个社会中已经开始的"恶"。它以让穷人们存活下去为借口（其实是不应当以富人的奢侈来养活穷人的），实则使所有其他人都变得贫穷，而且迟早会导致国家人口的缩减。

奢侈这一声称治愈"恶"的良方却比"恶"本身还要糟糕。或者我们也可以说，在那些或大或小的国家中，"奢侈"本身就是万恶之最：在这些国家中，为了豢养大群仆从或者无耻之徒，劳动者和公民都被压榨得破了产。它就像那南方灼热的风，使草地和绿野到处布满贪婪的昆虫，将益虫的食料全部吃光；凡是这股热风所到之处，无不发生饥荒和死亡。

从社会及其所催生的奢侈中，诞生了文艺、工艺、贸易和文字。接着，这些无用之物使工业繁荣起来，在使国家变得富庶的同时，也让它渐渐迷失。这一衰败的原因非常简单。我们可以轻易地看到，农业由于其性质应该是所有艺术中最无利可图的一个，因为它的产品往往用于人们最不可或缺的用途，因此，它的价格应该与最贫穷人们的能力相称。同理，我们可以得出这样一个规律：通常情况下，一门艺术的盈利程度与其实用性成反比，而且最重要的艺术最终往往是最为人所忽视的。从这里，我们看到应该如何看待工业带来的真正利益以及这些进步所带来的实际效应。

这就是那些最令人称羡的国家从富足突然跌落至不幸的不可

忽视的原因。随着工业和其他艺术的不断发展与壮大，耕种者们被轻视，同时却要负担起国家维持奢侈的所有税务，最终只好在劳苦与饥饿中度过自己艰难的一生。最终，他们被迫离开田地，来到大城市另谋生计。人民愚蠢的目光越是钦羡大都市的美好，国家便越会出现农村被抛弃，田地荒芜，大街上充斥着沦为乞丐或是小偷的人们的不幸景象。这些不幸的人可能最终在车轮刑上或穷困之中结束自己悲惨的一生。正是这样，国家一方面变得富足，而另一方面却逐渐变得脆弱，人口也逐渐萎缩；也正是这样，即使是最为强大的君主专制国家，在一系列努力后，总是会从富足变得荒芜，最终沦为那些遏制不住其侵略野心的弱小国家的猎物。接着，这些国家又会兴盛与衰败交替出现，直到另一个国家又发动侵略，将其消灭。

希望有人能够屈尊向我们解释哪怕一次，那些在如此多世纪内不断蹂躏欧洲、亚洲和非洲的大群野蛮人是如何产生的？难道他们庞大的人口是得益于他们艺术的精湛、法律的明智和典章制度的完善吗？但愿我们的智者愿意告诉我们，那些凶猛的、残忍的，没有理性、没有约束也没有受过教育的人，为什么不但没有为争夺食物和猎物而相互残杀，反而还繁衍到这种程度呢？希望学者们给我讲讲，这些悲惨的人类怎么会有那么大的胆量，竟敢直面那些和我们一样灵巧的，有严明的军纪，完备的法典和明智的法律的人？最后，为何自从社会在北方那些国家中趋于完善后，自从人们花费很大力气教会人类相互间的义务和舒适、和平共处的生活艺术后，我们反而再也看不到像从前那样大量繁衍的人口了呢？我非常害怕有人会无所顾忌地回答道："所有这些伟大的东西，也就是说艺术、科学和法律，乃是人类以极大的智慧发明出来的，它们就像是一种防止人类过度繁衍的有益的瘟疫一样，能够避免我们存活的这个世界对居住其中的人们显得过于狭窄。"

那么，要怎么办呢？难道需要毁掉社会，取消"你的"和"我的"这一区别，然后再回到森林与熊一起生活吗？这是我的反对者可能提出的推论，我宁愿自己先提出来，以免让他们到时自取其辱。

哦，人类！你们从未听到过来自天上的神意，你们认为人类生存的目的只是为了安然地度过自己短暂的一生！你们大可以将致命的财产、忧虑的情绪、堕落的心灵和无节制的欲望留在城市，重新拾起那份最古老、最初始的纯洁，因为它属于你们；去到一片树林中吧，忘掉眼前所见以及你的同胞们所犯下的罪行，不要害怕贬低你的同类，在放弃他们智慧的同时，你们也摆脱了他们的罪恶。至于那些与我一样，已经被种种情欲摧毁最原始的质朴，再不能以草和橡树为食，也不能放弃法律和首领的人；那些从他们的始祖开始，就领受了超自然教训的人；那些从一开始就给予人类的行动一种长期积累的道德性，然后将这种意图看作一句箴言（这句箴言本身对任何人都一样，在其他体系中也无从解释）的理由的人；总之，就是那些确信神意会号召人类走向理性和神圣智慧的幸福的人：所有这些人，在学习认识美德的时候，都会致力于训练他们应该实践的美德，以求不负于由此所应期待的永恒奖励。作为社会中的成员，他们会遵从这个社会中的各种神圣的关系；他们会关爱同类，并全心全意为他们服务；他们会严格遵守法律，服从法律的制定人和执行者；他们尤其会尊重那些杰出智慧的君主，因为他们能够预防、治疗和暂时缓和那些时刻准备着攻击我们的如此多的过度和罪恶；通过毫无畏惧，也毫无恭维地向那些威严的首领表现出他们任务的伟大和义务的严峻，他们将激起这些首领的热诚；但是，对于这样一个只能依靠如此多可敬之人的帮助才能够存在的宪法（事实上，往往并不存在如此多可敬之人），对于这样一个实际上产生的灾难比表面上获得的利益还要多的宪法，他们仍然会加以轻视。

10. 在我们要么通过自己，要么通过史学家，要么通过旅行者所了解到的人类中，有的人是黑色的，有的人是白色的，有的人是红色的；有的人留着长发，有的人却只有鬈发；有的人几乎全身覆盖着毛发，有的人却几乎没有胡子；曾经存在过以及现在可能依然存在着一些巨型民族，即使不提那稍显夸大其词的匹格美（Pygmée）神话，我们也知道拉普人（Lapon）尤其是格陵兰人（Groenlandais）的身高都远远低于正常人类的平均水平；有人甚至声称有些民族所有人都像四足动物那样保留着尾巴。

同时，即使我们不迷信希罗多德人（Hérodote）以及克德佳斯人（Ctésias）的记述，我们至少可以从中得出这样一个类似的观点：在不同民族拥有不同生活方式，而且这些生活方式都有别于今日的古老年代，如果人们也能够做出细致的观察，他们原本也可以从身体的形状和习惯中注意到更加惊人的差异。我们可以轻易地为这些事实提供不容置疑的铁证，而会为这些事实所震惊的也只有那些只将自己的目光集中于周围事物，从而忽略了气候、空气、食物、生活方式和一般习惯的差异的强大威力的人。他们尤其不知道，这些同一的原因，当它们在世世代代中持续不断地发生作用时，会产生惊人的力量。

现如今，贸易、旅游和征战使不同民族越来越靠拢。同时，在频繁的交流中，他们的生活方式不断靠近。人们会发现，某些国家间的区别已经消失。比如，尽管时间让同是白肤金发的法兰克人和诺曼底人混合在一起，从而恢复了在气候影响下，罗马人由于经常往来使当地居民失去的部分自然构造及肤色特征，但是我们每个人都会发现如今的法国人已经不再是拉丁史学家所描绘的白肤金发的高大躯体了。上千种原因能够而且已经导致了这些差异在人类中的形成。所有有关这些差异的发现都使我开始怀疑，那些被旅行家们认为是野兽的各种与人类似的动物，是否就是野蛮人呢？对于那些动物，旅行家们要么因为从外表发现几处差异，要么简单地因为它们不说话，便将它们视作兽类。其实这种野蛮人，因为他们的种族自古就分散在丛林中，没有机会发展任何潜在能力，也没有获得任何程度的完善化，所以始终处于最初的自然状态。为支持我的观点，请大家看这样一个例子：

《旅行史》的译者如此说道："人们在刚果王国发现了大量在东印度被称作奥朗－乌当（Orang-Outang）的高大动物，它们处于人类与狒狒之间。据巴特尔 *Battel* 所说，在卢安哥（Loango）王国的麦永巴（Mayomba）森林里生活着两种怪兽，其中较高大的一种被称作朋果（Pongo），其他的被称作昂日克（Enjoko）。前者与人类非常相似，但是，他们比人类要肥胖许多，而且身材非常高大。在一张人类的面孔上，他们的眼睛非常深邃。他们的双手、两颊和耳朵上面都没有毛发，却有奇长无比的眉毛。尽管他们身体的其他部位有一些毛发，但并不旺盛，颜色呈棕色。最后，唯一将之与人类区分开来的部位就是腿：他们的腿上并没有腿肚。他们直立行走，同时用手揪住颈部的毛发。他们的巢穴在丛林中，晚上在树上栖息，树上还有类似屋顶的东西用以避雨。他们以一些野生的果实和坚果为食，从不吃肉。路过森林的黑人习惯夜间在森林里燃起火来。他们注意到，早晨当他们动身的时候，那些朋果便会占了他们的位置，围坐在火堆旁，直到火种熄灭后才离开。这是因为，尽管他们身体敏捷，但是并没有足够的聪明往火里添加木柴，以让火苗持续。

"有时候，它们会成群行走，杀害穿过森林的黑人。它们甚至会袭击那些到它们居住地吃草的大象，用拳头或者木棍攻击它们，直到这些大象落荒而逃，发出阵阵哀嚎声。人们从未活捉过朋果，因为它们是那么地强壮，就算十个人类也无法将它们制服。但是，黑人曾经抓住过一大批年幼的朋果，那是在杀死它们母亲后发生的，因为小朋果是仅仅依附在母亲身上的。每当一个朋果死亡之后，其他的朋果便在它的身上堆满树枝或树叶。波尔柴斯 *Purchass* 也曾讲述道，从他与巴特尔的谈话中，他曾亲自听巴特尔说道，一个朋果从他那里夺走一个年幼的黑人，这个小黑人居然在这些动物的社会中生活了整整一个月，因为只要人不注目凝视它们，这些动物并不会伤害捉到的人，这是那个小黑人亲眼观察到的。至于第二种怪物，巴特尔并没有加以描述。

"达拜尔 *Dapper* 进一步证实，这种在印度被称作奥朗－乌当的动物在刚果王国确实到处都是。这个名字的含义是'丛林居住者'，非洲人称之为果加斯－莫罗斯（Quojas-Morros）。他说，这种动物与人类是那么地相似，以至于某些旅行者产生过它可能是一个女人和一个猴子的结晶的想法。这种无稽之谈，就是黑人也不会信以为真。有人曾经将这样一个动物从刚果运到荷兰，献给当时的奥伦治王腓特烈·亨利 *Fédéric · Henri*：它的身高大约是一个三岁孩童的高度，中等肥胖，但是有棱角，而且比例非常好，特别灵敏、好动。肉嘟嘟的大腿强壮无比，胸前完全没有毛发，而脊背后面却覆盖着黑毛。乍一看，它的脸部与人类非常相似，但是它的鼻子是扁平的，而且顶部弯曲；它的耳朵也与人类一样；由于它是一个雌性动物，因此胸前凸起有丰满的乳房；它肚脐深陷，两肩平正；它手上的大拇指和其他手指分开；它的腿肚和脚后跟非常肥硕、丰满。它经常用脚直立行走，也可以举起和携带较重的担子。当它想喝东西时，它会用一只手拿起壶盖，另一只手托起壶底。喝完水后，它会优雅地抿抿嘴唇。它会躺下睡觉，头靠在一个垫子上面，很巧妙地给自己盖上些东西，甚至让人误以为是一个人躺在床上。黑人写下了许多有关这个动物的奇怪传说。他们肯定地说，这一动物不仅敢追逐妇女和少女，也敢攻击手持武器的男人。总之，很多表象都表明，它们很有可能就是古人所说的半人半羊的神。麦罗拉 *Merolla* 曾经说过，黑人打猎时，有时会抓住一些雌性和雄性的野人，这里的野人或许指的就是这些动物吧。"

此外，在《旅行史》的第三卷中，这一与人类相似的动物物种也曾被提及过。在那里，它们分别被称作贝果（Beggo）和曼德利尔（Mandrill）。但是，如果我们相信上述的记载，那么在对这些所谓怪兽的描述中，我们发现它们与人类物种惊人地相似，它们与人类之间的差距甚至小过一个人与另一个人之间的差距。在该卷的章节里，我们一点看不出作者有什么理由不把他们所描述的动物称为野蛮人。当然，我们很容易猜想到，可能是由于它们的愚笨和它们不说话的事实。

然而，对于那些知道尽管人类天生拥有发声器官，但是语言本身并不是一开始就有；明白语言的完善在何种程度上得以使文明人置于人类原始状态之上的人而言，这些理由是非常站不住脚的。从描述这些动物的只言片语中，我们看到人们对这些动物的观察是多么地不准确，对他们的看法充满了多少的偏见。比如说，它们被视作怪物，但是又被一致认为是可生育的。

在一段记述里，巴特尔说朋果会杀害穿过森林的黑人；但是在另一段记述里，波尔柴斯却又说它们即使抓住黑人也不会对他们造成任何伤害，除非黑人用眼睛注视它们。黑人们在森林里燃起火堆，当他们动身离开的时候，朋果就聚在火堆的四周，直到火堆熄灭后才离去。这是他陈述的事实，下面是观察者的注解："因为尽管它们很灵巧，但是并没有足够的聪明往火里添加木柴，以让火苗持续。"我很难理解巴特尔或者编撰家波尔柴斯是如何知道朋果的离开是出于愚笨而不是出于自愿呢？卢安哥的气候使动物并不是那么地需要火，黑人之所以点燃火堆，更多地是为了吓跑那些凶猛的野兽，而不是单纯地为了御寒。因此，事情就非常容易解释了：朋果在欣赏一段时间火苗后或者在身体变得暖和后，厌烦了总是待在一个地方，于是起身离开，准备去寻觅食物。它们不以肉类为食，因此寻觅食物需要花费更多的时间。此外，我们知道大多数动物包括人类在内都天性懒惰，对于不是绝对必要的事情，并不愿意做。最后，灵巧和体力都受人称赞的朋果，既知道埋葬死者，也知道用树枝搭建屋顶，却不知道往火里添加木柴，这岂不是一件很奇怪的事情？我记得曾经看见一只猴子往火上添柴的动作，而人们却否认朋果拥有这一能力。当然，那时候我的思想还没有转到这方面来，因此我也犯了与我所指责这些旅行家犯下的相同错误，因为我并没有去考究猴子的意图是想要保留火种，还是单纯地模仿人类。无论如何，非常明显的是，猴子并不是人类的一个变种，这不仅仅因为它不会说话，而特别是因为人们确信这一物种不具备自我完善的能力，而这一能力却是人类这一物种具有的最典型的特征。但是，对于朋果和奥朗－乌当，我们似乎还没有做过相当细心的实验，足以让我们得出同样的结论。但是，如果奥朗－乌当或者其他动物是属于人类物种的，即使最粗心的观察者也应该可以通过某种方式借助于推论来证实这一现象。但是，除了仅仅一代人不足以做出这样的实验外，这个实验还应该被认为是不可行的，因为在能够说明事实的实验得以进行之前，首先必须对只是假定的东西加以证实。

轻率的判断，绝对不是成熟理性的结果，往往会使人走向极端。我们的旅行者们毫不客气地将这些兽类命名为朋果、曼德利尔、奥朗－乌当，而古代人则加入了神意，将这些相同的动物称作半人半羊神（Satyres）、农牧神（Faunes）和森林神（Sylvains）。或许通过一些更加缜密的研究，我们会发现这些动物既不是兽类，也不是神，而是人。在未做这种研究之前，我觉得在这个问题上既然可以相信商人巴特尔，相信达拜尔、波尔柴斯以及其他编撰者，也同样有理由相信麦罗拉这位有学识的修道士。他是事件的亲眼目睹者，他虽然很质朴，但是仍不失为一个有才气的人。

试想这样的观察者会对我之前提及的于1694年找到的狼孩有什么样的评价呢？这个孩子没有任何理性的征兆，用双手和双脚行走，没有任何语言，发出的叫声与人类完全不同。告知我此事的哲学家继续讲述道："过了很久后，这个孩子才能够开口说话，但是说话的方式非常粗野。他一开口说话，人们就迫不及待地问他，他的最初的状态是什么。但是，他却记不起来了，正如我们也无法记起还在摇篮中时的记忆那样。"这个孩子落入我们这些旅行家之手是多么地不幸啊！在发现这个孩子的沉默和愚笨之后，我们坚信他们会选择将他送回丛林或者关在兽笼里，之后，他们便会在辞藻美丽的游记里加以渲染，将他形容成一个很奇怪的和人相似的野兽。

三四百年以来，欧洲人大量涌入世界各地；他们不断发表旅游札记和叙述。但我深信，我们从这些游记中了解到的人类，不过是那些欧洲人自己。即使在那些文学家中，至今也仍存在着许多可笑的偏见。因此，每一个以研究人类为名义的研究者，其研究对象不过是本国人民。个人的来来往往不过是枉然，哲学似乎并不会旅行，因此每个民族的哲学似乎也并不属于另一个民族。造成这一现象的原因非常明显，至少对于那些遥远的地方是这样的，即：会长途旅行的只有四类人，水手、商人、士兵和传教士。然而，我们无法指望前面三类人去展开细致的观察，而对于第四类人，他们肩负着神圣的使命，当他们像所有其他人那样并没有遭受这个国家的排斥时，我们有理由相信他们不会自愿投入到这项研究当中，因为这些研究往往应该出自纯粹的好奇心，而且这样做可能耽误他们本身应该完成的更加重要的使命。此外，为有效地传播福音，他们需要的只有虔诚，上帝会给予他们剩下的一切；然而，为研究人类，需要特殊的天赋，而上帝不对任何人负有赐予他们这一天赋的义务，就连那些圣人都不一定拥有。

每翻开一本游记，我们都能够读到描写面貌、风俗的段落，但是，令我们惊讶不已的是，这些描述了这么多事物的人，竟然只不过讲了些大家都已经知道的事实；在世界的另一头，他们所能发现的竟然只是一些无需走出他们所居住的街道就能觉察的事情。而那些能够将不同民族区分，使留心观察之人大为震惊的真正区别，本来是有目共睹的，却逃过了他们的双眼。于是便产生了那些迂腐的哲学家经常使用的一句伦理学上的惯用语："世界各地的人类都一样。"既然他们有着相同的情欲和罪恶，那么研究足以区分各个民族的特征就毫无用处了。这样的推论就好比：如果有人说他无法区分皮埃尔和雅克，那是因为他们两个都有一个鼻子、一张嘴和两只眼睛。

难道我们再也无法回到那个快乐的年代？在那时，各民族还没有参与哲理探讨，但是类似柏拉图、泰勒斯和毕达哥斯这样的人却拥有着强烈的求知欲望，他们奔赴那些最伟大的旅程不过是为了学习。在远方，他们打破了民族偏见的束缚，学会了从相似性和差异性出发去认识人类，从而得出那些不仅仅在一个世纪或者一个国家有效，而是在所有时代、所有地点都成立的普遍知识，也可以说是一切智者都应具有的学问。

一些好奇之士，曾斥巨资让自己或者他人，带着智者和画家一起到东方旅行，为的是在那里临摹一些简陋的小屋，辨识或者复制一些铭文。对他们的壮举，人们非常赞赏。但是，我很难想象，在一个为美丽智慧自鸣得意的时代，为何就没有出现两个合适的人组合起来，一个有钱，一个有才华，两人同时非常喜欢荣耀，向往不朽；他们一个人只需要从财产中拿出两万埃居，而另一个人只需要奉献出生命中的十个年头，便可以成就这一次著名的环球旅行了；此次旅行除了要研究各式各样的石头和植物之外，他们还要研究人类和风俗；在别人用了那么多世纪来测量和考察房屋以后，他们终于想到要去认识一下居住在房屋里面的人了。

那些已经游历过欧洲北部和美洲南部的科学院院士，他们多半是以几何学家的身份而不是以哲学家的身份出行的。但是，由于他们同时既是几何学家，又是哲学家，所以我们不能将那些由拉·孔达明和莫佩尔蒂那样的学者们曾经观察和描写过的地方视作完全未知了。

珠宝商沙尔旦 *Chardin* 曾像柏拉图那样出游，他对波斯的描述尽善尽美；耶稣会会士对中国的观察非常细致；荷兰旅行者康普佛尔 *Kempfer* 清晰地描绘出了他在日本为数不多的见闻。然而，除去旅行家们的叙述外，我们对东印度民族的认识几乎为零，因为尽管时常有欧洲人前往此地，但是他们的目的更多地是装满自己的钱袋，而不是满足自己精神上的好奇。整个非洲和非洲居民都还有待我们的考察；那些居民无论在性格还是在肤色方面都是与众不同的。整个地球上还布满了许多种民族，我们到现在还只能叫出它们的名字，而我们居然想对人下评论！假设某一个类似

孟德斯鸠 *Montesquieu*、布冯、狄德罗 *Diderot*、杜克洛 *Duclos*、达朗贝 *d'Alembert*、孔狄亚克的人，或者其他同样杰出的人，为了向他们的同胞提供更多的知识而周游世界，充分发挥他们的才能来观察和描述土耳其、埃及、巴巴里尔（Barbarie）、摩洛哥帝国、几内亚、卡菲尔、非洲内陆及东海岸、马拉巴尔（Malabar）、蒙古、恒河两岸、暹罗王国、贝古（Pegu）王国、阿瓦（Ava）王国、中国、鞑靼以及日本；然后，在另一个半球，还有墨西哥、秘鲁、智利、麦哲伦土地；别忘了还有巴塔哥尼亚，无论它是真是假；还有图库曼、巴拉圭、巴西，最后还有加勒比海、弗洛里达州以及所有荒野地区。这应该是最重要的旅行，也是最需要十分细心地去完成的旅行；假设这些新的赫拉克勒斯（Hercules）从这些难忘的旅行回来后，根据他们的所见，从容不迫地讲述有关自然、伦理和政治的历史，从他们笔下，我们会看见一个全新世界的诞生，这样，我们也就可以去了解我们自己的世界。

我想说的是，当这样的观察者断定某种动物是人类，而另外一种动物是畜生时，我们应该相信他们。但是在这一点上，如果我们相信那些粗浅的旅行家，这就未免显得过于草率了。这些旅行家不自量力地在其他动物上想要解决的问题，也正是我想向他们提出的问题。

11. 对于我而言，这是显而易见的，我不知道我们的哲学家是从何处使所有这些情感得以诞生，然后将这些情感灌输给自然人类的。除自然要求我们拥有的必需的生理需求外，我们所有其他的需求都不过是习惯使然（在养成这一习惯前，这些根本就不是需求），或者是我们的欲望使然。但是人们只能对那些他们了解的事物产生欲望，因此可以推导出，野蛮人只会对他们了解的事物产生欲望，而他们只了解那些他们有能力掌控或容易得到的事物，因此，没有任何事物比他们的灵魂更加安宁，比他们的精神更加受到局限了。

12. 我从洛克的《政府论》一书中读到一种不同的说法，这种说法如此似是而非，以至于我无法做到对其视而不见。这位哲学家说道："雌性与雄性的结合，其目的不仅仅在于生育，还在于延续物种。因此，即使在生育过后，只要需要为幼儿寻觅食物和提供保护，这种结合关系就会一直持续，即这一关系至少要持续到这些幼儿能够自己供给自己来满足需求时为止。这是由创世主的无尽智慧为他的杰作所制定的规则。我们会发现，这条规则被那些比人类低等的生物持续严格地遵守着。在那些食草动物中，雄性与雌性的结合关系在每一次交配后便不复存在，因为雌性母亲的乳房在幼崽能够觅食之前足够饲养幼崽，因此，雄性动物就只需要负责生育，之后不再需要照顾母亲和幼崽，对于它们的食物，也不需要作任何贡献。但是，对于那些食肉动物而言，这个关系会持续更久，因为雌性不能很好地通过自己捕猎来同时养活自己和孩子。与食草动物相比，这种生养的途径对于食肉动物而言要困难得多，也危险得多。因此，雄性的协助对于这个共同家庭（如果我们可以这样说的话）的维持就必不可少了。这种家庭在各个成员不能都自行觅食之前，只能靠雄性和雌性的共同照顾才能生存下去。鸟类也是相同的情况，只是那些常年待在食物充足的地方，雄性因此免去照看孩子职责的家禽除外。我们会发现，当鸟巢中的幼鸟需要食物时，雌鸟或者雄鸟就会将食物带回去，这种情况会一直持续到幼鸟会飞，能够满足自己的生存为止。

"在我看来，人类中的男性和女性之所以被迫保持比其他生物更长久的结合关系，以下这一点即使不是唯一的原因，也可算作主要的原因，即：女性有怀孕的机能，而且通常情况下会在前一个孩子能够离开父母的帮助而自己满足需求前，生下另一个孩子。这样一来，父亲被迫照顾他所生育的孩子，而且这种照顾会持续很长时间。同时，他也被迫与孩子的母亲继续保持配偶关系，关系持续的时间也比其他生物要长得多，因为对于其他生物而言，在新一轮繁殖来临前，前一轮幼崽已经能够自给自足了，雌性与雄性的联系因此中断，它们便又回归到完全自由的状态，直到动物交配季节的到来，迫使它们去选择新的伴侣。在这里，我们不得不称赞造物主的智慧！通过赐予人类独特的品质，让他们不但能够准备当前的，而且还能准备未来的生活所需，造物主愿意并且极力想使人类男女结合的时间远远超过其他生物中的雄性和雌性；同时，通过这一途径还可以进一步激发男人和女人的勤勉，使他们的利益结合得更加紧密，以便共同抚养子女，为子女积攒财产，因为没有任何事情比配偶间模糊不定的结合或者轻易频繁的解散对孩子更有害的了。"

出于对真理的热爱，我将洛克的这种不同说法忠实地陈述出来。也正是出于这份对真理的热爱，我又产生了在此基础上加一些评论的冲动。这些评论就算无法解决问题，但至少也可以让问题变得更加清楚。

a. 首先，我认为精神方面的证据在物质方面并没有太大的效力。它们可以用于解释已经存在的事件，但是并不能用于证明这些事件的存在本身。然而，在我刚刚引用的段落中，洛克先生所使用的正是这类证据。因为，尽管男人与女人之间的稳定结合确实对整个人类物种有利，但是我们并不能由此推论出这是大自然的本意。否则，我们就必须承认大自然还建立了文明社会，发明了艺术、贸易以及所有人们声称对人类有用的东西。

b. 我不知道洛克先生是从何得知在食肉动物中雌性和雄性的结合时间远远超过食草动物，而且雄性会帮助雌性喂养小孩的。因为，我并没有发现雄犬、雄猫、雄熊或雄狼要比雄马、雄羊、雄牛、雄鹿或是其他所有四足动物更加能够辨认与它们交配过的雌性。相反地，如果要说雄性的帮助对于雌性喂养孩子必不可少，那也应该是针对那些食草动物，因为它们觅食需要花费很多时间，在此期间，它们被迫忽略自己的孩子。而一只母熊或母狼能够在瞬间吞食它们的猎物，这样便能够在不饿肚子的情况下有更多的时间来给孩子喂奶。对乳房和孩子数量的观察证实了这一推论，这也是将食肉动物和食草动物区分开来的重要标准。关于这一点，我已经在注释 8 中有所讨论。如果这一观察是精确、普遍的，由于女人只有两只乳房，而且一次只能给一个孩子喂奶，那么我们就拥有了强有力的证据来怀疑人类生来为食肉动物的论断。

因此，似乎要得出洛克先生的结论，就必须将他的推论完全反转过来。他对鸟类的区分也是站不住脚的，因为有谁会认为秃鹫和乌鸦中雌鸟和雄鸟间的结合比斑鸠更长呢？有两类家禽正好与洛克先生的体系截然相反，即鸭子和鸽子。鸽子只以谷物为食，但是雄鸽子也会与雌鸽子结合在一起，共同喂养小鸽子；而鸭子的贪婪已经是众所周知的了，它既不会认出它的配偶，也不会认出它的孩子，对它们的生存不负任何责任。此外，鸡也是肉食动物，但是我们并没有看见雄鸡对刚孵出的小鸡表现出任何的关心。因此，如果说还有其他鸟类物种雌性和雄性一同喂养小孩，那是因为小鸟一开始不会飞，而雌鸟又不能喂奶。它们比那些四足动物更加离不开父亲的帮助，那些雌性的四足动物至少还有乳水可以坚持一段时间。

c. 使洛克先生所有推论得以成立的基础尚且存在着许多不确定性。这是因为，要想知道在纯粹的自然状态下，女人是否真的如洛克所声称的那样，在前一个孩子远不能够自给自足的情况下，通常会再次怀孕，又让一个新的生命诞生，我们必须要有经验的支撑。但是很显然，洛克先生并没有提供类似的实验，而且也没有任何一个人能够提供。由于丈夫和妻子持续的同居生活如此容易导致再次怀孕，因此我们很难相信，在纯粹的自然状态下，偶然的相遇或者单纯的性欲冲动会和同居生活状态下产生同样频繁的妊娠。妊娠次数的稀少也许可以让孩子变得更加强壮，此外可以在怀孕技能方面得到补偿，因为女人在青春时期不曾过于频繁地受孕，那么她的怀孕机能可以延续到较高的年龄。

对于孩子而言，多种迹象表明，现在他们的力量和器官的发育比我之前所说的最初状态要晚。他们从父母身体构造那里继承的先天的羸弱，包围着他们的会阻碍四肢发展的悉心照顾，他们从小的娇生惯养，或许还有他们喝下的除母乳外的其他奶制品，所有这一切都阻碍和延迟了他们身上最初的天然发展。人们强迫他们关心无数的事物，并使他们把注意力都集中在这些事物上面，却不让他们做任何身体力量的训练。这些事实也会大大地阻碍他们的发育。因此，如果一开始人们不用上千种方式来让他们的精神因超负荷而疲惫，而是让他们顺应大自然的要求，不断地锻炼身体，我们有理由相信，他们是可以更早地开始走路、活动以及自给自足的。

d. 最后，洛克先生至多能够证明在人类中存在某种动机使男人在女人生孩子后一直待在女人身边，但是，他根本无法证明在女人分娩前以及九月怀胎期间，男人有待在女人身边的义务。如果在这九个月期间，这个女人不为那个男人所关心，甚至相对那个男人而言变成一个陌生人，那么这个男人为什么要在她分娩后照顾她呢？他为什么要协助抚养一个他根本不知道属于他，而且根本无法知道或者预测其出生的孩子呢？

洛克先生显然是把尚且存在问题的事情假定为真实的事情了，因为我们需要知道的不是男人为何在分娩后要待在这个女人身边，而是他为什么在女人怀孕后会待在她身边。欲望一旦满足，男人不再需要这个女人，这个女人也不再需要他。男人对这一行为的后续没有任何忧虑，也可能不会有任何的概念。两人从此分道扬镳，一个向左，一个向右，而且没有任何迹象表明在九个月过后他们能够保留曾经相识的记忆，因为正如我在文中所论证的那样，这种使一个个体在繁殖活动中对另一个个体表现出偏好的记忆需要人类智力更多的发展或者说堕落，我们不能假设这里所说的处于动物性状态的人类拥有这一记忆。这样一来，另一个女人完全可以与之前他所认识的那个女人一样轻易地满足他新的欲望，同样地，另一个男人也可以满足这个女人的欲望——当然这得假设处于妊娠期的女人仍然会被欲望驱使，这个假设还有待商榷。

如果女人在怀孕后不再有性欲，阻碍她与这个男人相结合的障碍就更大了，因为这样一来，她既不需要那个让她怀孕的男人，也不需要其他任何男人。因此，男人没有任何理由只找同一个女人，女人也没有任何理由只找同一个男人。洛克的论证瞬间崩塌，这位哲学家的所有论证都没能够让他避免霍布斯以及其他人所犯的错误。他们应该解释的是处于自然状态下的事情，即所有人都相互隔离的状态下的事情，在这种状态下，相互隔离的人没有任何理由要待在一起，即使待在一起也通常有一定的原因；而他们却没有想到要跨越几个世纪的社会，跨越这个人类自然而然得待在一个男人或女人旁边的时代。

13.我就不对这种语言结构的优劣进行哲学思考了。似乎还轮不到我来对通俗语言指指点点，因为那些文人似乎太看重他们的特权，而无法耐心忍受我的愚见。因此，就让那些偶尔敢于质疑大多数人意见，站在真理一边，同时又不会受到他人非难的人来继续这场较量吧！"如果人类能够摆脱无数语言交错混杂所带来的灾害，如果人们习惯于用唯一的方式进行表达；如果人们能够永远使用符号、动作和手势来表达自我，那么，人类的幸福就会变得完美无缺了。但是，事实上，事物真实的情况却恰恰与此相反，而那些我们通常认为愚笨的动物，在这一点上，却反而胜过我们，因为它们在不凭借任何中介的情况下，便能够比我们任何一个人，特别是比那些使用外国语言的人，都更加迅速，也许还更加成功地表达它们的所感和所想。"[1]

14.通过指出离散数量及其关系的概念对所有艺术的重要性，柏拉图大肆嘲笑了那些声称帕拉墨得斯 *Palamède* 在围攻特洛伊时便已经发明了数字的与他同时代的人，并给出了理性的论证。

[1] 伊萨克·沃西雨斯，《论诗歌及韵律的特性》，第66页。

这位哲学家反驳道，好像阿伽门农 *Agamemnon* 到那时还不知道自己有几条腿似的！事实上，如果在围攻特洛伊的时期，人类尚未使用数字和计算，那么社会和艺术是不可能存在的。

但是，在获取其他知识前必须先认识数字的事实并不会使数字的发明变得易于想象；一旦数字有了名称，那么要解释其意思、阐明这些名称所代表的概念就非常容易了。但是，为发明这些数字，在形成这些概念之前，人们还得熟悉哲学思考，努力摒弃其他一切感知，仅从本质出发考虑存在。这是一个非常痛苦、形而上的抽象过程，非常不自然，但是，没有这个抽象过程，这些概念便不能从一个物种或者一个属类传到另一个物种或另一个属类，数字本身也不会被普及。

一个野蛮人可以分开考虑他的右腿和左腿，或者将它们视作一个整体，就像一对不可分割的组合，但绝不会想到它们有两个。因为前者是为描述事物的表征概念，而后者则是决定事物的数字概念。他连五都数不到，尽管将一只手贴在另一只手上，他们发现了两只手刚好完全对应，但他还远不能意识到这些手指在数字上的相等。他不会数他有多少根手指，正如他不会去数他有多少根头发一样。在让他明白何为数字后，如果有人告诉他，他的手指和脚趾一样多时，他会吃惊不已，然后会赶紧将它们做比较，最后发现这原来是真的。

15. 我们一定不能将自尊心（amour-propre）和自爱心（amour

de soi-même）混淆，因为这是两种无论在本质还是效应方面都截然不同的激情。自爱心是一种驱使所有动物注意自我保存的自然情感。在人类中间，这种情感在理性的指引下，以及在同情心的改变下，造就了人道和美德。而自尊心则是一种相对的、不自然的，而且是来源于社会的情感。这种情感驱使每一个人重视自己甚于其他任何人，从而催生了所有人类相互间的伤害，并且成了荣誉心的真正源头。

如果以上所说为事实，那么我可以说在我们的最初状态，即在真正的自然状态下，自尊心是不存在的。这是因为，每一个人类个体都将自己视作观察自己的唯一观众，视作在这个世上唯一对自己感兴趣的存在，视作自我才能的唯一评审，因此，那种从比较中诞生的情感就不可能在他的脑海里生根发芽，因为他根本不会比较。

同样地，他不会有任何仇恨，也不会有任何报复的欲望，因为这些只可能来源于感觉受到侮辱后的情绪；而且，由于构成侮辱的更应该是鄙视或者想要伤害的意图，而不是伤害身体，因此对于那些既不会相互欣赏，也不会相互比较的人而言，即使当有利可图时，他们互相间会发生很多剧烈的冲突，但他们永远不会相互侮辱。总之，每个人就像看待另一个物种的动物那样看待他的同类，他可以从弱者手中抢夺猎物，或者将自己的猎物让给比自己更强的人。但是，他们只会将这些抢夺行为视作自然事件，而不会有任何蛮横无理或者气恼的举动。

同时，除对那些好的或者坏的结局感到喜悦或者痛苦外，他们也不会有任何其他情绪。

16. 这是一件非常值得注意的事情：这么多年以来，欧洲人为让来自世界各个角落的野蛮人按照他们的生活方式行事可谓费尽了心思，然而到现在，仍然没能出现一个成功的案例。他们即使借助于基督教，也是于事无补，因为虽然我们的传教士偶尔能够让他们成为基督徒，但是，却从未能让他们变成文明人。这些野蛮人对于遵守我们的道德、采纳我们的生活方式所产生的无法战胜的反感情绪，似乎任何事情都无法化解。如果这些可怜的野蛮人真如人们所说的那样不幸，那么是通过什么样难以想象的堕落，使得他们一直拒绝像我们一样变得文明或者学会在我们中间愉快地生活呢？而相反地，我们在很多地方都曾读到过关于一些法国人和其他一些欧洲人自愿躲避到野蛮人的部落里，在那里度过一生，从此再也无法离开这种如此怪异的生活方式的故事；我们也曾听到过一些有见识的传教士充满感动地怀念他们曾经在那些被人们如此鄙夷的民族中所度过的安详、无邪的日子。如果有人回答说，这是因为他们的智力开发得不够，不足以使他们对自己的状态和我们的状态做出正确的评判，我会反驳说，对幸福的体验更应该是关乎感情，而不是关乎理性的。此外，这种回答足以更有力地反驳我们文明人，因为，野蛮人的观念距离能够理解我们的生活方式固然很远，但是我们的观念距离能够理解野蛮人对他们的生活方式所感到的乐趣却可能更远。事实上，通过一定的观察，我们不难发现，我们所有的工作都只共同指向两个目标：一个是为了自己生活的舒适，另一个则是在众人中受到尊重。但是，一个野蛮人却快乐地在森林中，过着孤独的生活，他们或者捕鱼，或者吹着一支粗糙的笛子，他不会吹出什么音调来，也并不想学着吹出什么音调，我们又有什么方法来理解这其中的快乐呢？

人们曾许多次将野蛮人带到巴黎、伦敦以及其他城市。他们迫不及待地向这些外来人展示我们的奢华、财富以及所有我们最有用且最新奇的艺术。但是，所有这一切在野蛮人那里只不过得到了一种愚蠢的赞赏，根本就没有激起他们半点的渴望。我记得在历史中曾经有一位北美洲人的酋长，他在三十几年前被带到了英国王宫。为让他挑选一件称心的礼品，人们向他呈上了上千件物品，但他却一件都没看上。我们的武器在他看来太过笨重和不方便，我们的鞋会让他的双脚受苦，我们的服饰让他觉得尴尬，于是，他非常失望地拒绝了一切。最后，人们发现，他虽然选中了一块羊毛毯子，但是他似乎更愿意将这块毯子披在肩上。这些人便立即问道，您至少应该会承认这件物品的用途吧？是的，他回答道，我觉得这件物品几乎和一张兽皮同样好。如果他在下雨天将这块毯子披出去，他或许连这句话都不会说了！

或许有人会说，这是习惯使然，每个人都有自己独特的生活习惯，对习惯的依赖使得野蛮人无法体会到我们这种生活方式的好处。即便如此，习惯使野蛮人保持热爱苦难的力量远远超过了其使欧洲人保持钟爱于幸福的力量，这一事实至少应该显得非常离奇吧！但是，为给出针对这一反对意见的一个不容置疑的答案，我且不提所有那些被迫文明化的年幼野蛮人，也不提那些被尝试在丹麦抚养的格陵兰人和岛民——那些在无尽悲伤与绝望中集体丧生的可怜人，他们要么在郁郁寡欢中殒命，要么在企图游回故里的海里丧生。在这里，我就列举一个已经被证实的例子，以供那些欧洲文明的仰慕者探讨。

"那些在好望角的荷兰传教士费尽心思，却没能使任何一个霍屯督人转信基督教。方·德·斯泰尔 *Van der Stel* 是好望角的总督长，他收养了一个年幼的霍屯督人，让他从小在基督教道义和欧洲习俗中成长。他们让他身着华丽衣服，同时学习好几门语言。很快地，他在学习上取得了很大的进步，使这些人在他教育方面所花的心思得到了很好的回报。总督长对他的才智抱有许多期许，于是便派他与一个专员一同前往印度。专员很器重他，派他负责耶稣会的事务。专员去世后，他独自回到了好望角。回来后没几天，在一次与族人的见面中，他毅然脱下身上的华丽衣服，换上了一张羊皮。他穿着这身新装，背着一个装着以前衣服的包裹，回到了城堡。当他将这些衣服呈给总督长时，他如是说道（被引用在卷首页）："先生，请大发慈悲，睁开眼睛看一看吧！我一直拒绝这种服装，而且也将一生排斥基督教。我最终决定回到族人身边，在他们的信仰、生活习惯与习俗中生活，然后慢慢死去。

我希望从您这里得到的唯一恩典就是让我保留这些您送给我的项链和短刀，我会好好保管它们，让自己记住您曾经对我的关爱。'话音刚落，不等方·德·斯泰尔回答，他便一溜烟消失不见了。从此后，人们再也没有在好望角见过他。"[1]

17. 有人可能会反驳我，认为在这样的骚乱中，如果对于人们的分散没有任何限制的话，人类与其一味地互相厮杀，还不如各自分散。但是，首先，这些限制至少是地面本身的限制。如果考虑到由自然状态引起的人口过度的膨胀，我们会发现，地球在不久后便会布满人类，空间从此就会变得拥挤。此外，如果祸害来得很快，而且这个变化发生在转眼之间，他们可能会选择相互分散。然而，人类却生来处于桎梏之下，当他们感受到枷锁的重量后，他们习惯戴着它，然后等待着摆脱它的机会。最后，当人们已经习惯于已有的诸多便利后，这些便利迫使他们保持聚集状态，因而分散变得不如在原始时期那么容易了。要知道，在原始时期，每个人只对自己有需求，每个人都能做出自己的决定，而不需要得到他人的同意。

18. 德·维拉尔元帅曾经讲述道，在一次战役中，一个粮食公司的老板使出各种诡计，令部队痛苦不堪，怨声载道。他严厉

[1]《旅行史》，第五卷，第 175 页。

地训斥了这个老板，并威胁要对他施用绞刑。"这个威胁对我不管用！"这个无赖放肆地回答道，"我不怕告诉你，人们是不会为难一个拥有上万埃居的富人的！""我不知道事情为什么是这样，"元帅天真地说道，"但是，事实是，他最后确实没有被处以绞刑，尽管他的所作所为早就该受到这样的惩罚。"

19. 在文明社会中适用的公平分配原则甚至与自然状态下严格意义上的平等对立。由于国家的所有成员都有义务根据自己的才能和力量为国家服务，那么公民就应该根据他们的贡献被区别对待。

我们应该从这一角度来理解伊索克拉底 *Isocrate* 关于古雅典人的论述。他认为，古雅典人从两种不同的公平模式中找到了最有利的一种，这两种模式之一是对所有公民不加区分地给予同样多的利益，另一种则是根据每个人的贡献进行区分。这位作者继续说道："通过抛弃这种不将好人与坏人进行区分的不公平的平等原则，这些狡猾的政客便不可违背地选择了另一种根据贡献进行赏罚的平等原则。但是，首先，无论一个社会堕落到何种程度，都不会出现没有丝毫善恶之分的局面；其次，在道德层面，由于法律无法制定精确的标准来为法官行事提供依据，因此，为避免公民的命运或者地位的决定权完全落入法官之手，法律只给予法官评判行为的权力，却不给予他们评判人的权力。这一做法是非常明智的。只有像古罗马人那样淳朴的风俗才能经得起法官的监督。只是后来，法庭的出现扰乱了这一切：将好人与坏人区分开来的，应该是大众意见；而法官只不过是严格法律的判官。人民才是真正的道德上的审判者，是一位正直的，甚至可以说在这一点上经验丰富的审判官。人民或许可以被欺骗，却绝不能被腐蚀。因此，公民的等级不应该视他们的个人功绩而定，因为这样只会给予法官随意解读法律的权力，而应该根据他们对国家的实际贡献决定，只有这样才能够做出更为正确的评价。

卢梭致菲洛普利[1]的信

菲洛普利先生：

您在来信中向我提出了几个问题，希望我能够做出回应。同时，这本书是献给我的公民的，我有义务为之辩护，证明他们加在我身上的荣誉。我就不提那些您对我个人或好或坏的评价了，因为两者几乎互补，我对此不感兴趣，大众更不会有什么兴趣，而且所有这些对于真理的追求也毫无益处。因此，我就从您所认为的我的论题的核心推论说起。

---

〔1〕 1755 年日内瓦博物学家博纳 *Bonnet* 以菲洛普利 *Philopolis* 的笔名写信给卢梭，反对他在《论人类不平等的起源和基础》一文中的观点。在信中他向卢梭提出一个关于同情心的问题——"一个从来未经历过痛苦的人，或有感受能力的生物有没有同情心？当他看到一个受窒息的婴儿时，他的怜悯之心会为之所动吗？"

您告诉我，从人类的禀赋和天性立即就会产生社会。一个无法社会化的人类，就不应该被称作人类，而且攻击人类社会就是攻击上帝的神意。菲洛普利先生，在我解决您的问题之前，请允许我先提出一个难题。当然，如果我能够找到一条通往目标的确切途径，我是不会这样转弯抹角的。

假设某一天，某些智者找到了加速衰老的秘密并且鼓励人们使用这一罕见的艺术，显而易见的是，要想说服人类使用这一艺术似乎并非难事。要知道，理性——这一人类所有愚蠢的导体，是不会让他们对此熟视无睹的。尤其是哲学家以及那些明智的人类，为了打破情欲的桎梏，获取灵魂宝贵的宁静，他们会大踏步地奔向涅斯托尔 *Nestor* 的年纪；同时，为了远离那些应该抑制的欲望，他们也会主动放弃那些他们本应该享受的欲望。只有少数冒失鬼，他们羞愧于自己的虚弱，于是便疯狂地追求青春和快乐的永驻，而不是像那些智者那样为了变得智慧而祈求自己快速老去。

假设一个拥有独特、奇怪观点的人，总之，就是一个提出反论的人，这时竟敢站出来，指责其他人思想的愚蠢，向他们证明在追逐宁静的过程中，他们快速地走向了死亡；让他们知道，无论他们如何理性，临老了，都只不过会颠三倒四地说话；告诉他们，就算终有一天他们会老去，也至少应当让这一天尽可能来得晚些。

毫无疑问，那些诡辩者们因为害怕自己的奥秘遭到诋毁，必然会迫不及待地打断这位不讨喜的高谈阔论的人。他们会对自己的信徒们说道："年迈的智者们，感谢上帝的恩惠吧，始终庆幸你们一直跟随着它的旨意吧！诚然，你们衰老了、凋零了、变虚弱了，这是人类的宿命。但是，你们的智力是健全的。你们的四肢变得瘫痪了，但你们的精神却变得更加自由了。你们将不再能自由行动，但你们却能够像哲人般讲话，如果你们的痛苦日益加剧，你们的哲学也会随之加深。

鄙夷急躁的青春吧，那短暂的健康只会让你们失去与虚弱息息相关的财富。这份虚弱是那么地难能可贵，它让你们身边云集了那么多的药剂师，给你们提供越来越多的药剂，以减轻你们的苦楚；那么多优秀的医生，精通你们的脉搏，熟读所有有关风湿病的希腊名称；那么多虔诚的慰问者和忠诚的继承者陪伴在你们左右，直到最后。要是你们没有让自己遭受这些痛苦，那么与之相应的救护也会随即消失，因为正是这些痛苦让救护变得不可或缺的。"

没有想到的是，他们随后转向斥责我们这位冒失的反对者，对他说道："请停止你那些夸张、冒失的不虔诚言论吧！你难道胆敢指责人类创世主的意愿吗？衰老状态难道不是人体构成的必然结果吗？人类变得衰老难道不是一件自然的事情吗？在你那具有煽动性的言论中，你除了攻击自然法则和创世主的意愿外，还能做些什么呢？人类之所以变老，是因为上帝希望他如此。这一事实难道不是上帝意愿的体现吗？你要明白，年轻人类根本不是上帝原本想要创造的对象：遵从他的旨意，人类就必须

171

要加快变老。"

菲洛普利先生，我想请问您，面对这些既定的假设，这位提出反论的人是应该保持缄默还是应该做出回应？如果他应该做出回应，那么请您告诉我，他应该说些什么？如果您可以向我指明他应该说的话语，那么我就会尝试对您的反驳给出回应。

您企图用我自己的体系来对我进行攻击，但是请您不要忘记，对于我而言，社会之于人类相当于衰老之于个体，正如个体在衰老时需要拐杖，社会中的人民也需要艺术、法律和政府。两者唯一的区别在于：衰老状态是由人体的特质引起的，而社会状态则是由人类这一种族的性质决定的。因此，社会状态并非如您所说，在人类存在之初便存在了，而是如我所证实的那样，是人类在一系列可能存在或者至少相继出现的外界环境的作用下，加快或者减缓其形成的进程。其中甚至有好几个外界环境都取决于人类的意志。那么，为了保证绝对的公平，我被迫假设人类个体拥有加速衰老的能力，正如整个物种拥有减缓这一过程的能力那样。因此，社会状态迟早有一天会出现人类统治的极端情况，而向人类说明前进过快的危险以及告诉人类他们以为的会带来物种完善的条件带来的却是苦难，也就并不是毫无用处。

通过列举那些由人类自己造成的令他们深受其害的苦难，莱布尼兹 *Leibniz* 和您却告诉我：已有的就是好的，因此神性是被证实的。但是，我并不认为神性的证实需要依靠莱布尼兹或者其他任何人的哲学的佐证。请您仔细地想一下，无论一个哲学体系有多么地完备，它有可能比宇宙更加无可非议吗？为证实神意，一个哲学家的论断会比上帝自己的杰作更具有说服力吗？此外，否定苦难存在的做法正是那些苦难的始作俑者惯常使用的借口。斯多葛主义者就曾经让自己荒谬到如此地步。

莱布尼兹和波普 *Pope* 认为，存在即为好。社会之所以存在，是因为普遍之好（le bien général）希望其出现；如果社会压根儿就没出现，那也是因为普遍之好不希望其出现；如果有人劝说人类回到森林居住，那么他们回到森林将是好的。我们无法孤立地判断一个事物的好与坏，因为我们只有在不同事物的联系中才能够得出好坏的结论。即使一个事物本身是坏的，但是它可以相对全体是好的；而能够促进普遍之好的事物，可能对于个体而言是坏的，使这个人会迫不及待地摆脱它。当个体承受这一"坏"时，这个"坏"对全体是有用的，而对于人们努力用来代替这一"坏"的"好"，当其发生时，也是有用的。

因此，存在即为好，如果有人想要改变事物的状态，那么他想要努力改变的想法就是好的，至于他的成功是好是坏，我们就应该仅根据事件本身而不是理性进行判断了。因此，没有任何事情会阻止个体的"坏"对于忍受这一"坏"的人而言是真正的"坏"。对于全体而言，我们被文明化是好的，因为我们的现状如此，但是如果我们能够不被文明化，这当然又是最好的。在莱布尼兹的体系中，没有任何依据可以反驳这一命题，而且非常明显，乐观主义者的观点既没有对我的论题提出支持，也没有表达任何反对。

因此，我要回应的对象既不是莱布尼兹也不是波普，而仅仅只是您。由于未能很好地区分这两位哲学家所否定的"普遍的坏"与他们并未否定的"个体的坏"，您声称一个事物存在的事实足以保证它不会企图以其他方式存在。但是，菲洛普利先生，如果存在即是好，那么在政府和法律出现前，一切也应该是好的；因此，我们至少可以说，政府和法律的形成是没有必要的，而且按照您的体系分析，让－雅克 Jean-Jacques 反驳菲洛普利也只是徒然。如果按照我所理解的您的方式来理解"存在即是好"，那么我们还有何必要去改正缺点、治疗疾病和纠正错误？我们的教堂、法庭和学院又有何用？当人们发烧时，为何要去看医生？当被您所忽视的"全体的好"并不要求您有所传承，当居住在土星或者天狼星的居民的身体健康并不会因为您的康复而受到损害时，您又能知道些什么呢？任由所有事物自由发展，以让它们都朝着好的方向前进。如果所有事物都处于更好的状态，您就应该指责任何一个行为，因为所有行为都会不可避免地对事物现状造成改变，当这一行为发生时，我们无法在不采取任何措施的情况下保持事物的现状，而人类留下的最后道德就只剩下那最完美的寂静主义了。最后，如果存在即是好，那么存在拉普人、爱斯基摩人、阿尔冈昆人、奇卡卡斯人（Chicacas）、加勒比人也是好的，这些民族游离于我们的管治之外，对于这些管治措施，霍屯督人嗤之以鼻，而日内瓦人却津津乐道。恐怕就连莱布尼兹本人也会同意这一观点。

您说道，人类的处境是由其在宇宙中应该占据的位置所决定的。但是，由于时代和地域的不同，人与人之间千差万别，即使使用同一套逻辑，我们从个体到整体得出的结论必将矛盾重重，无法令人信服。只要出现一处地理上的差错，就足以推翻应从我们的所见推导事物本质的论断。印第安人会说："海狸应该逃回到洞穴中，人类应该露天躺在挂在树上的吊床上睡觉。"而塔塔尔人则会说："不，不，人类应该是躺在平板车上休息的。"这时候，我们的菲洛普利先生便会不无怜悯地说道："可怜的人啊，你们难道不知道人类是应该建造城池的吗！"当涉及人类本质的探讨时，真正的哲学家既不是印第安人，也不是塔塔尔人，不是日内瓦人，也不是巴黎人，而是全体人类。

如果有人说，猴子属于畜生，我举双手赞成，我在之前已经给出了理由；但是，如果有人说，猩猩也属于畜生（此外，这也正是阁下告诉我的），我必须得说，在列举了那些事实后，我对您所给出的证据不敢苟同。您进行了如此深入的哲学思考，却未能同样轻松地得出，那些旅行家偶尔可能将我们的同类误认为畜生的结论。因此，您当然只好强迫大众接受您的观点，甚至培养自然主义者们，使他们学着使用您的方法来探讨这一问题。

在题记中，我称赞我的国家拥有能够存在的最好的政府，而在文章中，我认为好的政府是非常罕见的。我不知道您所指出的矛盾点在何处。您怎么就知道如果身体状况允许，我会选择到丛林中居住，而不是与我深爱的公民们共同生活呢？我在文中不仅没有表达类似的想法，还可以在其中找到很多强有力的证据，表明我根本不会选择这种生活方式。我从自己身上强烈地感受到，我是多么地无法离开与我同样堕落的人类，独自一人生活。即使是那些智者（如果这个世上还存在的话），也不会选择到沙漠中去寻找自己的幸福。如果可以的话，我们应该让自己定居在祖国，热爱它，为它服务。即使有的人无法做到这一点，他们至少可以沐浴在人类大家庭的友爱中幸福地生活。在这一开放、广阔的庇护所中，严肃的智慧与嬉闹的青春惬意地共存着；这里四处充斥着仁慈、好客、温存以及所有那些一个好的社会应该拥有的魅力；在那里，穷人也能够找到朋友，有指引自己前行的榜样的力量，拥有能够启迪自己、为自己指明方向的理性。正是在这个掺杂着命运、罪恶，有时还有道德的大舞台上面，我们得以欣赏生活这出戏。但是，每个人必须待在自己的国家来完成自己的这一生。

菲洛普利先生，您在信中对我横加指责的那个观点，在我看来却是非常有道理的。且不论这一观点正确与否，但是我在文章中表达的意思与您在信件中强加于它的意思根本不同。您在信中认为我曾说过："如果自然赋予我们的是神圣，那么我几乎可以确定：思考的状态是一种反自然的状态，而思考着的人类则是堕落的动物。"我可以告诉您，如果您所说的这句话属实，如果我确实如此混淆健康与神圣，那么我岂不是必定可以在另一个世界成为一个伟大的圣人，或者至少在这个世界诸事顺利？

最后，我将回答您提出的第三个问题。对于这个问题，我不会作过久的思考，因为在之前，我已经思考过很久了。

"一个从来没有经历过痛苦的人或者其他任何敏感的存在会有同情心吗？当他们看见一个将被杀害的小孩，他们会变得激动吗？"我的回答是，不会。

"为何卢梭所认为的充满如此多同情心的下等公民，会如此贪婪地欣赏着车轮下不幸儿垂死的画面呢？"我会回答说，他们之所以充满同情心，这与您在观看戏剧时会哭泣，在看见赛德 *Seide* 弑父或者堤厄斯忒斯 *Thyestes* 饮下其儿子鲜血时会落泪是一样的。同情心是一种如此美妙的感情，以至于所有人都想要去体验。此外，每个人身上都有这样一种隐秘的好奇心，当这个无人能够避免的恐怖时刻来临时，他会想要去探究大自然的运作。在此基础上，还要加上他们在目睹此事后的无尽乐趣：在长达两个月内，他们可以尽情地充当区域的演说家，向邻居哀婉动人地讲述最后一个被执行车轮刑的不幸儿那美丽的死亡场景。

"动物中的雌性对孩子表现出来的慈爱是出于为孩子考虑，还是仅从母亲的角度考虑？"我的回答是，一开始是出于母亲自己的需求，随后由于习惯，开始从孩子的需求考虑。关于这一点，我已经在文章中阐明。如果说"是出于后者考虑，那么孩子的福利就能够得到更多的保障"，我同意这一说法。但是，这一准则只能被缩小范围，而不能无限扩大，因为我们看到，当小鸡刚被孵化出来时，母鸡对它们并没有任何需求，但是这只母鸡并没有将对小鸡的温存转移到其他任何一只小鸡身上。

　　菲洛普利先生，以上是我的回答。

　　此外，请注意，在这封信以及之前的文章中，我一直是支持人性本善说的怪胎，而我的对手一直是那些为促进公共事业而竭力论证大自然的产物不过是些无赖的正直之士。

　　　　　　　　　　　　　　一个默默无闻的先生致上

卢梭生平大事年表

- **1712**

  6月28日：让－雅克·卢梭诞生于瑞士日内瓦一个法裔新教家庭。父亲是钟表匠依萨克·卢梭，母亲是苏珊·贝尔纳。卢梭是他们的第二个儿子。出生后不久，母亲即死于产后失调，由姑母抚育。

- **1722**

  10月：有一次，父亲与人发生纠纷，诉讼失败后出走里昂。卢梭寄居舅父贝尔纳家，不久被舅父送至日内瓦附近布瓦锡的朗拜尔西埃牧师家学习古典语文及绘图、数学。

- **1724**

  回到舅父家。不久便被舅父送到公证人马斯隆做事的地方打杂。

- 1725 　　　　　4 月：到一家雕刻匠铺子里做学徒。

- 1728 　　　　　不堪师傅虐待而出逃。经神父介绍投奔安讷西地方的德·华伦夫人，由其资助去意大利都灵，进"自愿领洗者教养院"，改奉天主教。
后离开教养院，先后到韦塞利夫人、古丰伯爵家做仆役。

- 1729 　　　　　回到安讷西，寄居在华伦夫人家。

- 1730 　　　　　进神学院学习。后伴随别人去里昂，返回时华伦夫人已离开安讷西去了巴黎。卢梭随即也离开了安讷西。

- 1731 　　　　　在日内瓦、洛桑、讷沙泰尔、伏沃、伯尔尼、里昂等地流浪。

- 1732 　　　　　前往尚贝里找到了华伦夫人。在尚贝里做土地测量工作。这期间自学数学，与乐师、音乐爱好者交往，研讨音乐。

- 1733   继续寄居在华伦夫人家，开始涉猎学术著作。

- 1734   做华伦夫人的管家，协助其家庭制药，开始接触植物学。

- 1736   与华伦夫人一道前往尚贝里附近的沙尔麦特养病，研究洛克、莱布尼兹、笛卡儿等的著作。同时，钻研音乐理论，作曲，并学习解剖学等。

- 1740   4月：在里昂贵族官员马布利家做家庭教师，结识政治思想家、空想社会主义者马布利和哲学家孔狄亚克。

- 1742   8月：携带自己创作的《新记谱法》到了巴黎，被推荐到法兰西学院宣读，但没有被音乐界广泛承认。后结识启蒙思想家狄德罗，成为密友，并通过狄德罗认识了其他一些启蒙思想家。

- 1743   靠教授音乐、抄写乐谱维持生活。
     春季：完成歌剧《风雅的缪斯》，引起巴黎音乐界注意。《新记谱法》以《论现代音乐》为名出版。

6月：随法国驻威尼斯大使赴意大利，任秘书。

• 1744　　　8月：与大使发生矛盾，辞职返回巴黎，仍以抄写乐谱为生。与戴莱丝·瓦瑟同居。

• 1745　　　结识老一辈启蒙思想家伏尔泰。

• 1747　　　完成喜剧《冒失的婚约》。

• 1748　　　通过狄德罗结识启蒙思想家霍尔巴赫，并经常参加其沙龙的定期聚会。

• 1749　　　开始为狄德罗、达朗贝尔筹备的《百科全书》撰写音乐方面的条目。

10月：去巴黎郊外万森堡监狱探望因发表《论盲人书简》被捕的狄德罗，偶见第戎学院征文公告，决定撰文应征。

• 1750　　　7月9日：应征论文《论科学与艺术》获奖，年底出版于日内瓦，引起重视，但也导致朋友间看法的分歧。结识德国文学评论家格里姆。

- 1751   秋季，反驳对《论科学与艺术》的攻击，写成《答波兰国王对〈论科学与艺术〉的责难》。

- 1752   10月：歌剧《乡村卜师》在丹枫白露上演成功。回避路易十五的召见，并拒绝接受其赏赐的年金。参加音乐界的论战，写成《论法国音乐的信》。

- 1753   《论语言的起源》完成。受到音乐界保守派的攻击，写成《皇家音乐学院一位乐队队员给乐队同事的信》。
冬季：第戎学院再度征文，题目为："人类不平等的起源是什么？人类的不平等是否为自然法则所认可？"开始撰写应征论文：《论人类不平等的起源和基础》。

- 1754   8月：回日内瓦。将《论人类不平等的起源和基础》献给日内瓦共和国，恢复新教信仰和日内瓦公民权。但该文应征落选。

- **1755**　　　4月：《论人类不平等的起源和基础》在阿姆斯特丹出版。

　　　　　　11月：《论政治经济学》发表于《百科全书》第五卷。

- **1756**　　　以《论人类不平等的起源和基础》奉赠伏尔泰，伏尔泰称之为"反人类的新书"。

　　　　　　4月：移居蒙莫朗西森林的"隐庐"，开始写《新爱洛伊丝》。

- **1757**　　　因对狄德罗的《私生子》评价不同而与之发生争执，与其他"百科全书派"成员的分歧也开始加深。开始写《爱弥儿——论教育》，以及《感性伦理学或智者的唯物主义》等。

- **1758**　　　迁居到蒙莫朗西边的蒙特路易。

　　　　　　3月：发表《论戏剧：致达朗贝尔信》，批判其对于日内瓦戏剧文化生活的意见，提出自己关于公民娱乐的设想。与伏尔泰、狄德罗等启蒙思想家最后决裂。

- 1759　　　　开始写《社会契约论》。

- 1761　　　　《新爱洛伊丝》出版，受到热烈欢迎。

- 1762　　　　4 月：《社会契约论》在阿姆斯特丹出版。
　　　　　　6 月：《爱弥儿》在阿姆斯特丹和巴黎出版。
　　　　　　巴黎大主教博蒙出面干涉《爱弥儿》的发行，
　　　　　　禁止阅读此书。
　　　　　　11 月：巴黎高等法院发出有关《爱弥儿》的禁令，
　　　　　　并传出消息说要逮捕作者。仓皇逃出巴黎，到
　　　　　　了依弗东。准备前往日内瓦，但日内瓦已在焚
　　　　　　烧《爱弥儿》和《社会契约论》。在伯尔尼被逐，
　　　　　　流亡至普鲁士治下的讷沙泰尔邦的莫蒂埃村。

- 1763　　　　3 月：发表上年 11 月写成的《日内瓦公民卢梭
　　　　　　致巴黎大主教博蒙书》。
　　　　　　4 月：取得讷沙泰尔邦公民权，放弃日内瓦公
　　　　　　民权。

- 1764　　　　发表《山中书简》。应科西嘉解放运动领袖邀
　　　　　　请撰写《科西嘉宪法草案》。完成《音乐辞典》。

- 1765   9 月：拒绝普鲁士国王腓德烈二世赠送的年金。此时，讧沙泰尔掀起迫害风暴，逃往圣·皮埃尔岛。不久被该岛驱逐。

- 1766   1 月：随英国哲学家休谟到英国避难。开始编撰《植物学术语辞典》。不久，与休漠发生冲突。
3 月：迁往英国的乌顿，写作《忏悔录》，并于年底完成前六章。

- 1767   5 月：潜回法国，匿名隐居于特利等地。继续写作《忏悔录》。

- 1768   避居各地，抄写乐谱为生。
8 月：在里昂附近的布古安与戴莱丝·瓦瑟正式结婚。

- 1769   完成《英雄所需要的道德》。
11 月：完成《忏悔录》第二卷。

- 1770   6 月：获赦回到巴黎，居住在普拉特里埃街，靠抄写乐谱维持生活。年底，《忏悔录》后六章完成，手抄本开始流传。

- 1771   4月：应波兰威尔豪斯基伯爵邀请，撰写《对波兰政府及其1772年四月改革计划的考察》。

- 1774   会见青年生物学家拉马克，相互开始交往。

- 1775   写成《对话录：卢梭评判让－雅克》。
  10月：歌剧《皮格马里昂》在法兰西歌剧院上演成功。

- 1776   开始写《一个孤独的散步者的遐想》。

- 1777   健康恶化，停止抄写乐谱，生计艰难。

- 1778   5月：移居埃美农维尔庄园。不久，罗伯斯庇尔慕名来访。
  7月2日：逝世，葬于埃美农维尔附近的杨树岛。墓地正面对着一座城堡，墓志铭为："这里安息着一个自然和真理之人。"

让-雅克·卢梭

Jean-Jacques Rousseau（1712−1778）

18世纪法国大革命的思想先驱、民主主义者
唯心主义是其哲学思想的主要倾向
被称为"自由的奠基人"
他生前遭人唾弃被迫流亡
死后其思想和著作大受法国社会膜拜敬仰

主要著作

《论人类不平等的起源和基础》
《社会契约论》
《爱弥儿》
《忏悔录》

邓冰艳

热爱西方哲学、文学的青年学者
毕业于北京外国语大学法语系

论人类不平等的起源和基础

作者 _ [法]卢梭　　译者 _ 邓冰艳

产品经理 _ 贺彦军　　装帧设计 _ 董歆昱

技术编辑 _ 顾逸飞　　责任印制 _ 陈金　　出品人 _ 路金波

营销团队 _ 毛婷 阮班欢 孙烨　　物料设计 _ 朱君君

鸣谢 (排名不分先后)

武红利　杨 威 周 延 郭宏雪 袁紫千 袁 野

果麦
www.guomai.cn

以 微 小 的 力 量 推 动 文 明

图书在版编目（CIP）数据

论人类不平等的起源和基础 ／（法）卢梭著；邓冰艳译. -- 杭州 ： 浙江文艺出版社，2015.3（2024.2重印）
ISBN 978-7-5339-4183-3

Ⅰ．①论… Ⅱ．①卢… ②邓… Ⅲ．①哲学理论－法国－近代 Ⅳ．①B565.26

中国版本图书馆CIP数据核字（2015）第045533号

责任编辑　金荣良　徐　莺
特约编辑　贺彦军
封面设计　董歆昱

论人类不平等的起源和基础

［法］让-雅克·卢梭 著　邓冰艳 译

出版　浙江文藝出版社
地址　杭州市体育场路347号　　邮编　　310006
经销　浙江省新华书店集团有限公司
　　　果麦文化传媒股份有限公司
印刷　天津丰富彩艺印刷有限公司
开本　880mm×1230mm　　1/32
字数　92千字
印张　6.25
印数　196,501-201,500
插页　4
版次　2015年3月第1版　　2024年2月第34次印刷
书号　ISBN 978-7-5339-4183-3
定价　32.00元